RESEARCH ON URBAN SOCIAL WORK　Vol.10

中文社会科学引文索引（CSSCI）来源集刊

范明林　杨锃／主编

都市社会工作研究

上海大学社会学院社会工作系主办

第10辑

社会科学文献出版社
SOCIAL SCIENCES ACADEMIC PRESS (CHINA)

都市社会工作研究　第 10 辑
2022 年 3 月出版

目　录

【社区工作研究】

工业化社区社会排斥与居民自治的包容性社区建设行动研究
　　——以广东珠海 H 社区为例 ………………………… 陈　曦　张和清 / 1
社会资本视域下青年社区治理与"弱参与"问题研究
　　——以上海市 Y 区为例 ……………………………… 邓文龙　黄晓春 / 19

【社会工作理论研究】

超越利他与利己之争：涂尔干的人性两重性与社会工作实践伦理
　　………………………………………………………………… 莫佳妮 / 38

【社会工作督导研究】

规范-目标-成效导向：政府购买社会工作服务情境下项目督导的
　　实践逻辑 ……………………………… 孙　斐　黄　锐　范　斌 / 60

【儿童社会工作研究】

内化与外化："多动症"儿童叙事治疗个案研究 …… 郑庆杰　陈美杏 / 76
全面二孩政策下大孩角色社会化研究 ………………… 任秋梦　范明林 / 93

【哀伤服务研究】

回应哀伤：社会工作介入新冠肺炎病亡者家属群体实践过程研究
　　——以"在一起"联合行动为例 …………………… 钱　燕　冷凤彩 / 112

【精神健康社会工作】

精神疾病患者的机构生活
　　——兼与戈夫曼"地下生活"的对话 ………………………… 李　川 / 125

【社会政策研究】

学生资助制度及扶贫政策对贫困农村大学生学业发展的成效研究
　　——基于上海市 S 大学的典型案例………………………… 范舒云 / 145

《都市社会工作研究》稿约 ……………………………………………… / 167

【社区工作研究】

工业化社区社会排斥与居民自治的包容性社区建设行动研究

——以广东珠海 H 社区为例

陈　曦　张和清

摘　要　在推进国家治理体系和治理能力现代化的背景下，社区自治是推动社会治理的重要内容。随着工业化的纵深推进，中国传统社区内部权力主体和权力关系发生重大变化，社区治理面临诸多困境，政策落实不到位、社区自治"空转"、社区公共性弱化等问题屡见不鲜，并引发社区内部的社会排斥问题，造成社区居民社会关系疏离的状况。绿耕社工在广东珠海 H 社区的社会工作实践运用能力建设与社区组织的实务理论方法，扎根社区，动员边缘弱势群体，充分发掘社区和民众的优势与资产，链接社区内外的正式与非正式资源，推动"三类群体"共同参与公共空间的打造，恢复社区公共生活，并培育社区自组织，促进志愿合作与社区互助，实现自下而上社区自治复兴，以此减轻社会排斥，共创包容性社区。

---

* 本文为国家社会科学基金重点项目"我国社会工作本土化实验的'单项服务'模式研究"（16AZD031）的阶段性成果。

** 陈曦，中山大学社会学与社会工作系博士研究生，主要研究方向为社区治理、城乡社区工作等；张和清，中山大学社会学与社会工作系教授、博士生导师，主要研究方向为农村社会工作、城乡社区工作等。

关键词 工业化社区 社会排斥 社区自治 包容性社区 行动研究

党的十八大以来，社会治理正式成为我国社会建设的重要内容。党的十九大报告高度重视社会治理问题，明确指出要落实基本民生保障，推进基层社会治理，促进基本社会服务发展，从而打造共建、共治、共享的社会治理格局。党的十九届四中全会通过了《中共中央关于坚持和完善中国特色社会主义制度推进国家治理体系和治理能力现代化若干重大问题的决定》，提出完善党委领导、政府负责、民主协商、社会协同、公众参与、法治保障、科技支撑的社会治理体系，建设人人有责、人人尽责、人人享有的社会治理共同体。在此背景下，作为社会治理的重要推动力量，社会工作必须为完善中国特色社会主义制度及推进国家治理体系和治理能力现代化添砖加瓦。广东绿耕社会工作发展中心（以下简称绿耕）社工始终秉持"弱势优先、利益社群"等社会工作价值理念，自2001年至今，在云南、广东、四川、湖南等多地开展城乡社区社会工作，积累了丰富的经验教训。本文采用行动研究[①]的方法，以绿耕广东珠海H社区项目为例，阐述工业化社区的治理困境和社会排斥，以及绿耕社工如何通过公共参与和社区自治的发展实践，减轻社会排斥，建设包容性社区。

一 文献回顾与理论视角

（一）社区治理困境与社会排斥

社区治理是实现社会治理有效性的基础，然而，当前中国社区治理面临诸多困境。具体而言，一是基层政权"悬浮"（周飞舟，2006），基层干部既是国家代理人又是村庄发言人（贺雪峰，2019），享有公共资源和福利分配的决策权，自上而下的行政管理模式直接导致政策难以真正落实，本

[①] 行动研究过程是研究设计、资料收集分析、实务实践、觉察反思不断循环往复的过程。自2015年起，笔者先后承担项目负责人、项目协同者（督导）、研究者等角色，亲身经历并完整参与项目设计、实践、专业反思的循环往复的行动过程，社会工作实践涵盖公共空间打造、社区文化行动、社区自组织培育与发展等社区公共生活的诸多方面，采用口述历史法、深度访谈法、田野观察法等方法收集第一手田野资料，包括居民深度访谈及口述历史记录、田野工作笔记、行动过程记录与反思、社会工作服务文书、项目计划书、工作报告、活动宣传报道和基层政府文书等相关资料。

土资源与上级政策无法有效衔接，引发政策资源闲置和浪费；二是资源和利益分配矛盾凸显，户籍制度等政策规定社区资源和利益的获得条件，基层干部违法违规，底层群众的利益诉求难以得到满足，这直接导致社区关系紧张及矛盾纠纷频发（吴昊、郑永君、谷玉良，2017），社会排斥问题日益严重；三是社区自治"空转"（张树旺、卢倩婷，2018），社区居民的自治权利受限，缺乏话语权、民主意识和监督权（陈佩洁，2018），以及参与社区自治的途径和机会；四是社区公共性不足（田鹏、陈绍军，2016），社区公共生活匮乏，社区公共问题未得到解决，社区公共建设脱离民众的实际需求，这既限制民众自下而上参与社区公共事务的机会和途径，又致使民众社区责任和参与意识淡薄，社会关系疏离，社区凝聚力下降（万向东等，2019）。综上所述，以"长三角"和"珠三角"地区为代表的传统社区，深受工业化冲击，逐渐脱离农业、渔业等传统生产生活方式，社区内部的权力主体和权力关系发生重大变化（柏兰芝，2013），社会排斥问题突出，社区凝聚力逐渐瓦解。

社区治理困境的根源在于全球制造的工业化进程打破传统社区社会权力关系和资源分配的平衡状态，工业化的纵深推进，引发社区内部不同群体之间的社会排斥问题，从而造成社区居民相互疏离的生活状况。社会排斥是指因经济、制度和文化等多维度的不公而造成弱势群体机会和权益缺失并被边缘化的过程——相对于主流的、中心社会的边缘位置（彭华民，2007；古学斌，2001），其本质是社会权力关系的相互角力和作用，通过制造"边界"和"准入"机制实现有序运行（Hall et al.，2011）。全球资本打破了时间和空间的边界限制，运用自由流动技术来实现其权力的无限制延伸和控制（鲍曼，2013），尤其表现为"生产过程的地方化策略及其对地方社会以及劳动控制的影响"（任焰、张莎莎，2015），由此，全球制造的运作逻辑是引发社会排斥的关键所在。

如前所述，社会排斥隐藏于政治、经济、文化等结构性要素中，随着工业化的发展和人类活动领域的拓展，社会排斥主要表现为制度性排斥、经济性排斥和文化性排斥。第一，制度性排斥。它强调国家社会福利制度对某些弱势群体的限制和约束（曾群、魏雁滨，2004），如户籍制度作为社会福利的划分依据，逐渐成为一种身份识别和管理社会的方式（古学斌，2001）。第二，经济性排斥。普通民众难以享有平等地获取生产资料等资源的权利、参与经济活动和共享经济成果的机会以及参与资源再分配等内容和环节的机会,如从事不稳定的工作会导致难以真正融入社会(黄洪、李剑明,2001)。第三,文化性排斥。受发展主义意识形态影响,以"我"的文化为中心或标准来衡量其他群体的文化(景晓芬,2004),建构出一种"中心-边缘"的区隔关系,以强化和巩固权力和资源拥有者的既得利益。

可见,全球制造运作逻辑下的工业化进程彻底打破了传统社区自给自足的生产生活状态、高度一致的集体价值观以及社区自治传统,使传统社区日益成为"原子化"的疏离社会,增加社区治理的难度,最终造成传统社区内部的社会排斥,极大地削减社区发展的内生动力。现阶段,国家自上而下地输送资源介入社区治理过程中,仅凭基层政府难以有效解决社区治理问题,需要激发社区民众的能动性,推动自下而上的社区自治(贺雪峰,2019;严飞,2020)。

(二)社区自治与社会工作

基于中国许多传统社区在工业化发展过程中存在社区治理难题以及社会排斥的状况,我们认为社工必须扎根社区,将边缘弱势群体动员起来,通过能力建设(capacity building)与社区组织(community organizing)的过程,推动居民主体性重建,增强社区公共参与意识,实现自下而上的社区自治,减轻社会排斥,加强社会团结,共建包容性社区。

能力建设常与"增能"和"参与"等实践概念紧密联系,它是一种以人为本和主体性建设的实务理论和方法,透过社区民众能力建设实现社会赋权并促进社区转化(刘晓春、古学斌,2007)。在社区发展的实践中,能力建设强调利用社区和民众的优势和资产(古学斌,2014),培养民众的技术能力、自我意识和参与能力,促进民众觉知自身的主体价值并激发其主体性(刘晓春、古学斌,2007),重拾社区"主人翁"的认同感和归属感,同时,充分运用社区内外部资源增强民众的公共参与意识和行动能力,从而实现自下而上的社区参与、决策与自治。

社区组织是将拥有共同社会关系的民众组织起来,群策群力解决社区问题、化解社区矛盾、改善社区关系的正式或非正式组织过程(徐震,1980;冯国坚、朱昌熙,1998)。作为社会工作实务理论,社区组织的目标在于协助社区民众充分利用社区内外资源,建立互助网络(闫红红、张和清,2019),培养公共参与、决策与合作的能力,改善社区权力关系及资源分配方式,保障组织及成员的社会福祉(冯国坚、朱昌熙,1998)。总之,社区组织是发展取向的理论与方法，其核心是强调自下而上的参与决策、互助合作、增能赋权和意识提升等（闫红红、张和清，2019）。需要指出的是，能力建设与社区组织是相辅相成、互相促进的。在中国传统社区中，士绅、乡贤、毕摩等"保护型经纪人"扮演"善人"角色（张和清、古学斌，2012），通过共享价值和规范来保障传统社区自治有序运行；而在现代社会，通过能力建设培养出具有"社区公义心"的居民骨干，在社区组织理论与方法的指导下，将居民骨干培育成为推动自下而上民主决策、志愿合作及集体实践的中流砥柱，并改变社区不平等的权力关系和资源分配方式，实现社区自治，从而减轻社会排斥，增进社区团结。

作为社区治理的重要参与主体，社会工作在推动社区自治、激活社区内生动力、应对社会排斥等方面发挥重要作用。社会工作专业强调"增能赋权""提升凝聚力"的价值理念（张和清、杨锡聪等，2016），面对现有社区治理的困境，第一，社工扮演使能者角色，一方面，社工扎根社区，深入分析社区治理困境和社会排斥的成因，准确把握服务对象的需求，强调社区居民主体价值，通过能力建设的过程赋予居民平等权利（张和清、杨锡聪等，2016），重塑主体性；另一方面，以社区为本的整合社会工作着眼于社区公共生活，运用社区组织的策略（Stepney & Popple，2011），唤起以互助合作为核心的集体价值，激发民众的社区责任感和公共道德感（张和清、杨锡聪等，2016），营造包容的社区氛围。第二，社工是资源链接者，除了调动社区内部资源和培力社区居民之外，社工还必须广泛链接社区外部资源，构建社会资源和互助支持网络以实现社区再造（张和清、杨锡聪等，2016）。第三，社工发挥"中间人"作用，采用民主协商的社区议事方法创造不同群体互动合作的机会，使民众的价值被看见，推动民众充分参与社区公共事务，形成自下而上的沟通机制，逐步打破社会排斥和阶层固化的限制，从而保障以推动社区自治为宗旨的包容性社区建设有效实施。

二 社区治理困境与社会排斥

在创新基层社会治理的背景下，自 2015 年起，珠海市 J 镇政府支持绿耕社工深入该镇工业化社区 H 社区开展社会工作社区发展项目。绿耕社工借助社区评估行动研究撰写的《工业化社区可持续发展》计划书得到政府的认可和支持。因此，该项目依据计划书以社区传统文化保护和公共空间再造为切入点，运用资产为本和能力建设的整合社会工作理论与方法，激发民众的主体性，培育社区自治组织，逐步探索工业化社区社会治理、社会互助、文化认同、环境友好、生计发展等"五位一体"的社区发展模式，期望减轻社会排斥，推动社区居民共同富裕。

H社区位于广东省珠海市J镇沿海，属于该镇下辖的工业化和城镇化村居社区。H社区自然环境优良、依山傍水、资源丰富。社区占地面积约10平方公里，曾拥有近600亩农田和滩涂。近年来，因高速公路等基础设施建设和商业用地征收大量土地，社区仅保留少量的宅基地。依据传统青石屋和村集体小产权房的位置，以一条主干道作为分界线，居民将社区划分为"旧村"和"新村"。H社区本地户籍人口为590人，共349户，其中长者100余人，主要居住在"旧村"；外地人口3000余人，分散居住在"新村"和"旧村"；代耕农13户100余人，居住在村庄的边缘地带。① 据调查，H社区的外来务工群体以三代同堂共同居住为主，也有许多人独居。实行家庭联产承包责任制之前，居民的生计模式以农耕、打鱼为主，外出经商为辅（主业+副业）。改革开放以后，随着工业化的迅猛发展，外出务工和个体经营逐渐成为社区的主要生计模式，市场主导的务工收入成为居民的重要经济来源。此外，本地户籍居民还享受一定数量的集体分红，但代耕农和外来务工群体没有享受任何公共福利资源。

H社区是"珠三角"地区农渔业村向工业化社区转变的缩影。从1978年开始，珠海市作为中国改革开放的前沿阵地率先成为经济特区，依靠毗邻港澳的优势，除推行家庭联产承包责任制外，政府推动农业生产方式向工业发展模式转型，促使大批农民（含渔民）陆续"洗脚上楼"。同时，为防止土地抛荒并完成国家公粮缴纳任务，各级政府从广东梅州、云浮等边远地区引进农民，并将农田免费出租给他们耕种，由此，代耕农作为没有户籍的定居者，成为H社区人口的组成部分。20世纪90年代以来，伴随工业化的快速推进，"珠三角"地区逐步成为"世界工厂"，珠海市出台"城市西拓、工业西进"的政策，J镇开始大量引进工厂，第一家工厂便坐落于H社区所在的行政村，并租用H社区近100亩农田（万向东等，2019）。大量外来务工人员进入H社区居住，彻底改变了村庄的人口结构和发展模式，

---

① 截至2020年5月，H社区基层政府统计的人口数据。

该村逐渐从单一的农业、渔业村转变成为包括本地户籍居民、代耕农和外来务工人员在内的杂居的工业化、城镇化社区。

除了人员结构的巨变，随着工业化的纵深推进，H 社区的治理问题日益明显。第一，基层政权"悬浮"，受体制改革和市场经济的影响，社区治理的资金来源从农民汲取转变为上级政府划拨，基层政府与居民的关系日益松散（周飞舟，2006），"他们（基层干部）越来越不作为，最开始答应我们要做到的事情，修路啊什么的，现在什么都没有做到，每天想的都不是村里的事"[①]。可见，基层干部作为社区发言人的角色日益减弱，社区治理变成自上而下的管理模式。第二，"微腐败"造成自治权力无法真正落实，更加剧干群关系紧张。职权级别较低的基层干部为了谋取私利而损害公共利益或违背公认准则（吕永祥、王立峰，2019），这类现象在 21 世纪初的 H 社区尤为明显，以该社区集体自建房分配为例，"2006 年前后，盖了那些楼房（集体自建房），每个人才分 25 平方米，我们一家三口一共才分得 75 平方米，相邻的自然村分的都比我们多，征地分红的补偿款还不是被他们（村干部）和那些盖楼的（老板）分掉了"[②]。取消农业税后，国家权力资源下乡，基层治理行政化使大量公共资源和社区权力集中于基层干部手中，干部与资本联合动用集体资源（特别是土地）谋取私利。同时，人情文化是 H 社区"微腐败"滋生的土壤，"由于和基层干部存在亲属关系或好友关系，部分居民可以获得干部照顾就业机会（如护山防火的工作等），当然，居民也会以不同形式（如送礼）向干部表达感谢"[③]。总之，受基层治理行政化、财务不透明、人情关系缠绕等因素影响的"微腐败"导致干群关系紧张。第三，社区自治"空转"（张树旺、卢倩婷，2018），居民难以享受民主平等的权利，社区难以发挥自治的功能。一方面，虽然民主选举得到普及，但民主决策、管理与监督等民主途径在实践中被虚化。有居民说："这些事情我们决定不了，你们（社工）找干部吧。"[④] 很显然，居民缺少民主决策、管理与监督的渠道和机会。另一方面，社区治理行政化导致民众的自我服务、管理和教育的自治功能难以真正发挥。"以前我们有什么问题直接找村主任，村主任帮我们解决，现在很少能

[①] 2018 年 9 月居民 LLD 访谈记录。
[②] 2018 年 9 月居民 LLD 访谈记录。
[③] 2021 年 1 月 10 日社工 FLJ 访谈记录。
[④] 2018 年 9 月笔者的工作日志。

在社区里见到他们，每天也不知道在忙什么，现在有什么问题找他们，也没有办法解决。"① 第四，社区公共性弱化，社区公共空间十分有限（仅有一个篮球场），除重阳节、春节等重大传统节日外，基层干部甚少组织社区活动，社区居民缺乏互动交流的机会，社区责任意识与公共参与意识非常淡薄。近年来，基层干部在解决村民需求、调节社区关系、推动居民自我服务和管理等方面的作用越来越弱化，相反，基层干部主要扮演国家代理人，甚至政权谋利者的角色（贺雪峰，2019），许多干部在基层治理中只发挥上传下达的作用。

贺雪峰（2019）认为取消农业税后，随着国家资源下沉，国家权力日益深入社区治理的各个环节和具体过程，社区越来越按照上级程序和规范进行治理，居民参与基层治理的机会逐渐减少。H 社区干部直言基层治理的现状："近年来处理居民的争议和纠纷越来越多……怎样使居民和谐共处，增强不同居民的凝聚力，是社区工作的重点和难点。"（万向东等，2019）此外，就社区治理的参与主体而言，H 社区依然是男性主导的治理格局，长者、妇女和青少年等户籍居民都缺乏公共参与的意识和机会，更不用说没有户籍身份的代耕农和务工人员，他们被排斥在社区治理和公共参与的过程之外。

由此可见，H 社区工业化变迁过程中形成本地户籍居民、代耕农和外来务工人员三类群体"同村共居"的现实，造成三类群体因为户籍制度、土地权属和利益分配等权利关系失衡，本地户籍居民与代耕农、外来务工人员之间因为利益冲突而产生矛盾甚至相互排斥，居民公共意识和公共参与逐步丧落。大体而言，H 社区的社会排斥表现在三个方面。第一，制度性排斥。身份边界是"天然"屏障，根据血缘关系、乡规民约和户籍制度、土地产权（股权）制度等将 H 社区居民划分为本地户籍居民、代耕农和外来务工人员三类群体，并以此规定准入边界和成员资格，其中，户籍身份是最基本的标准，户籍制度不仅建构出"本地人-代耕农-外地人"的身份类型，更使其合法化与利益分化。在该过程中，代耕农和外来务工人员因缺乏先天优势而无法享有平等的话语权和决策权，更无法获得相应的选举权、受教育权、集体分红等社区公共福利。正如代耕农 LGY 所言："我们的户口不在这里，有什么事情他们（村干部）也不会找我们来说，我们都是

---

① 2018 年 8 月 14 日居民 HJJ 访谈记录。

事后听其他居民说的。"① 第二，经济性排斥。伴随工业化进程，土地逐步成为稀缺资源，并在市场经济中发挥举足轻重的作用。由于本地居民掌握土地资源，本地居民与外地居民之间逐渐形成"房东－租客""卖方－买方"的契约关系，而土地和房屋价格完全由市场和资源拥有者控制，外地居民缺乏话语权，只能被动接受。"我们没有租房合同，房东说这个月开始涨房租就涨房租，也不会提前和我们说，更不会商量。"② 第三，文化性排斥。发展主义建构"中心－边缘"的话语体系和运作逻辑，本地居民以自我为中心确立一套"优劣""好坏"二元对立的衡量标准，代耕农和外来务工人员被形塑为"北佬"，并被冠以"不好的"标签，本地居民运用"他者化"技术贬低和矮化外地居民及其文化，以凸显身份地位和文化优越性，这使得本、外地居民根本无法在同一个公共空间共处，更加深三类群体的隔阂与矛盾。可见，社会排斥渗透在日常生活之中，并潜移默化地瓦解着 H 社区社会关系的根基，使居民失去社区责任和公共道德的基础，最终导致公共生活与社区参与的丧落。

综上，H 社区的社区治理困境直接导致社会排斥。改革开放以来，传统小农生产方式被现代生产方式取代，维系 H 社区社会关系的根基被破坏，传统社区组织和自治机制日益衰败，社区凝聚力不断下降。同时，H 社区周边工厂吸引了大量外来务工人员，改变了 H 社区的人口结构和生活方式，引发众多社区矛盾和纠纷，加深了社区原子化和碎片化程度，造成社会排斥，致使社区居民的社会关系日渐疏离。

三 共建社区自治的包容性社区

基于过往的城乡社区工作经验及前期调研发现，如何推动自下而上的社区自治、减轻社会排斥是 H 社区创建包容性社区的核心。能力建设和社区组织的社区发展策略为中国城乡社区工作提供新思路，期望引导和鼓励社区居民参与社区公共事务，增进本地居民的社区认同，增强外地居民对"新故乡"的归属感，更重要的是，提升民众的能动性和主体性，推动互助合作与组织发展，从而实现自下而上的社区自治，减轻社会排斥，加强社区团结，保障工业化社区治理有效。在 H 社区，绿耕社工以打造公共空间

---

① 2017 年 6 月 24 日居民 LGY 访谈记录。
② 2020 年 8 月 12 日居民 LHY 访谈记录。

和复兴传统文化为切入点，通过能力建设与社区组织的过程，推动三类群体公共参与、互助合作，逐步推动社区自治发展。

（一）挖掘、重整社区的优势资产

绿耕社工以优势视角和资产建设审视 H 社区，广泛动员本、外地居民充分发掘社区的特色与资产，从而依靠社会关系提升社区发展的内生动力。首先，"用脚画地图"。社工推动居民以欣赏性眼光重新审视社区，从有形和无形资产出发，寻找社区的文化特色，并绘制社区传统青石屋和集体化时期的粮仓、晒谷场等有形的资产地图。其次，寻访"社区达人"。社工着重寻访无形社区资产，尤其是欣赏性寻访以"人"为核心的社会关系和传统技艺等。具体做法包括利用举办丰富多彩文化活动的机会，邀请懂得农耕技艺的居民、掌握烹饪技艺的妇女等共同策划活动，充分调动"社区达人"的积极性和能动性。最后，挖掘资产背后的"隐喻"和内生动力。社工广泛动员青少年和长者参加社区活动。例如，培育青少年"小记者"入户访谈，聆听长者讲述社区沧海桑田的变迁和五味杂陈的生活，重新发现并传承本土历史文化；鼓励长者回忆集体化时期社员共同劳作的场景，体会集体劳动的艰辛和互助合作的乐趣等。

总之，挖掘、重整 H 社区优势资产的过程逐步打破代际，特别是本、外地群体之间的身份边界，增强三类群体之间的理解和互动，推动社区公共参与。

（二）重建公共生活，减轻社会排斥

复兴社区公共性，重建三类群体公共生活是绿耕社工推动社区自治、减轻社会排斥、共建包容性社区的核心策略。社工根据前期资产盘点的情况，制订"参与式打造社区公共厨房（青石屋）、文化活动中心（粮仓）和地塘广场（晒谷场）"的公共空间改造计划，期望活化社区关系，增强社区凝聚力。

首先，参与式打造社区公共厨房（青石屋）的行动，激活妇女、长者、青少年的公共参与意识和主体性，促进三类群体社区包容与合作。打造社区公共厨房的行动分为两个阶段。第一阶段，社工利用驻扎社区的工作模式便于与居民建立信任关系的优势，调动以妇女、老人为主的本地户籍居民、代耕农和热心公益的外来务工人员组成公共厨房建设小组，大家

齐心协力选择一栋废弃的传统祖屋并将之打造为社区公共空间。社工有幸邀请华南理工大学古建筑设计团队多次进村与居民骨干共同参与式设计与施工。设计师多次进村征询三类群体意见并最终确定施工方案。社工与设计师充分利用参与式设计与施工的过程，吸引20余名妇女和长者参与公共空间建设，他们不仅提出许多建设性意见，而且积极参加社区公共厨房的施工和空间布置。例如，本地居民制作阁楼防护栏；代耕农和本地长者捐赠插秧盆等传统老物件；社工发动妇女和长者为社区公共厨房征名，居民投票命名为"众爱"等。社工利用社区公共厨房建设的过程，将三类群体聚起来，借助公共参与和重建公共生活的机会，大家相互看见，彼此合作，减轻社会排斥。

第二阶段，充分利用社区公共厨房，以节气共食活动为契机改善社区关系，共创包容性社区。社工发现共食是三类群体共同的兴趣爱好，可以充分依托"众爱"社区公共厨房，依据不同节气，开展系列美食文化活动。通过定期不定期的聚餐活动，本、外地妇女聚在一起共同施展厨艺，互相教授烹饪方法，进而分享各自的美食文化故事。最难得的是共食活动搭建三类群体平等对话的平台，通过共食和生活化的话题交流，促使本、外地群体相互看见，彼此理解，在一定程度上化解他们之间的文化偏见和隔阂，初步改变社区对外来务工人员和代耕农的刻板印象，减轻社会排斥。

其次，文化活动中心（粮仓）的建设过程增加了三类群体的互动频次和公共参与，促使本地居民、代耕农、外来务工群体同台"展演"相互看见，共创包容性发展。文化活动中心的原址是集体化时期的粮仓，它承载了本地居民的历史记忆，因此，修缮粮仓不仅激发本地居民深度参与，而且为三类群体合作推动社区公共事务创造了条件。改造粮仓的过程经历了方案设计、施工改造和装饰布置三个阶段。在方案设计阶段，作为历史的见证者和使用主体，本地居民和代耕农积极表达诉求和设计构想。修缮方案确定后，社工先后召开两次粮仓改造方案讨论会，广泛动员居民表达生活诉求（休闲娱乐功能等）和改造方案的建议（加强安全性等）。简言之，基于粮仓的历史特点和公共属性，社工本着"尊重历史、平等参与"的原则，赋予居民平等参与的话语权，并以"中间人"的角色，向基层政府等合作方争取机会，推动居民逐渐成为社区公共事务的参与主体。在施工改造和装饰布置阶段，本、外地居民分别扮演参与者和监督者角色，共同关注粮仓改造过程。一方面，本、外地居民成为参与的主体。在社工的沟通下，政府提供资金支持，设计师和施工方让渡空间，由 H 社区工程队①承担墙面修缮工作；社工倡导节约资源和保护生态环境，采用"贡献劳动""捐款捐物"的方式组织开展"我为粮仓添家当"等社区公益活动，并邀请"社区文化达人"制作粮仓装饰品（牌匾和对联等），该过程有效地促进了居民个体能力建设，增强了互助合作意识，增进了社区公共责任与文化认同。另一方面，本、外地居民充分行使监督权，诸如"（施工）怎么又停下了""粮仓门口有很多带钉子的建筑垃圾，我们一起去清掉，你们（社工）在 H 社区公共事务群里发个信息，告诉大家不要让小朋友去那边玩"，等等，②可见，粮仓改造工作突破户籍身份限制，使居民尤其是代耕农和外来务工群体获得参与社区自治的机会与权利。

总之，粮仓改造的集体属性唤醒本地居民的历史记忆和共同体意识，激发外地居民的社区责任感和公共道德感，推动建立本、外地居民之间的社区联结。该过程中，社区民众扮演参与者和监督者角色，他们凭借自身优势与资源，在公共生活中找到自身的位置和责任；社工发挥使能者、资源链接者和"中间人"的作用，赋予本、外地居民平等参与权，畅通居民、政府、设计师和施工方之间的互动渠道，保证居民主体性作用的实现。

最后，基于以上公共空间建设的探索，参与式打造地塘广场（晒谷场）进一步扩大公共参与，推动本地居民、代耕农和外来务工群体更大范围的沟通交流与互助合作，有效地减轻社会排斥。为了完善公共空间的基础设施，居民与社工共同决定在地塘广场修建可乘凉的花坛和石桌石凳。经协商沟通，花坛建设资金由社区公益金③和项目经费共同支持，H 社区工程队负责修建花坛。同时，社工动员青少年、长者和妇女组织开展丰富的社区活动，从而带动其他居民广泛参与，如青少年和妇女为参与劳动的居民制作下午茶、参加"义剪"的居民协助 H 社区工程队搬运建筑材料等。此外，许多"围观"的居民自发以"捐款捐物捐劳动"的方式参与其中，"我有工

---

① H 社区工程队起源于集体化时期，当时为了建设村庄集体和个人房屋，部分居民学习掌握建房施工技能，并逐渐形成该工程队。随着家庭联产承包责任制的推行及城市化发展，工程队成员纷纷前往珠海市其他地区打工赚钱，主要从事建筑施工行业。迄今为止，该工程队依然是非正式的松散的社区组织，经常承接社区内部公共建筑（如圣母庙等）修缮工作。
② 2017 年 8 月 9 日社工工作日志。
③ 社区公益金，按一定比例在 H 社区接待小组服务、蚝油文化节等社区活动的收益中提取公益金，以便资助公益事务或救济弱势群体等。

具，我回去拿"，"因上班无法参加，我想捐款"，"我拿一盆花过来"。① 经统计，最终共有 50 余位不同性别和年龄的本、外地居民参与地塘广场打造工作，社工也将居民参与情况（包括姓名、劳动时长、捐款捐物等）向社区公示。在此过程中，社工充分发挥组织者和使能者的作用，引导居民发挥个体优势和群体力量，协助不同群体找到自己的角色和位置，创建互助合作的平台，彼此看见和相互理解，重建包容性社会关系，减轻社会排斥。

综上所述，打造公共空间是重建公共生活的有益尝试，打破了本、外地群体之间的刻板印象和相互隔阂，塑造新型的社会关系，有效减轻社会排斥。第一，依托三个公共空间（社区公共厨房－文化活动中心－地塘广场）的共建过程，社工以资产为本和能力建设理论为指导，挖掘社区民众的优势和资产，搭建"共食"等社区公共生活平台，引导和鼓励三类群体摆脱身份限制和文化束缚，增进群体间的相互交流与志愿合作，并通过有意识地培养社区骨干，强化不同群体的公共参与意识和主体性。第二，打造公共空间项目有效激发本、外地居民的社区责任感和集体认同感，将其关注点从私人生活转向公共参与，逐步打破三类群体相互封闭的界限与隔阂，推动社区共治和自治，逐步减轻社会排斥，增强社区团结与包容。

（三）实现社区自治，共建包容性社区

在重建公共生活、减轻社会排斥的基础上，社工始终坚守"弱势优先"的价值观，立足能力建设和社区组织实务理论，着重挖掘边缘弱势群体的内生动力，通过培育社区自治组织，探索社区发展项目，促进上下联动的社区共治，减轻社会排斥，建设包容性社区。

"古法蚝油文化节"打破地理、身份和文化等社会边界，激活社区居民尤其是弱势群体的优势资产和内生动力，在一定程度上既改变了原有的权力和资源分配格局，又推动了自下而上的社会参与，逐步创建包容性社区。在打造公共空间和口述历史的基础上，各级政府和社工支持本地居民、代耕农和外来务工群体共同推动 H 社区传统"赶海文化"复兴。具有代表性的行动案例是社工联动各级政府和社区共同复兴"古法蚝油文化节"。具体做法包括，首先，社工鼓励 H 社区及邻近社区的本地居民、代耕农及外来务工群体运用"自己的眼光"重新审视"赶海文化"和传统技艺，并邀请

---

① 2019 年 11 月 24 日笔者的工作日志。

传统手艺人讲述"打灶、洗锅、种蚝、打蚝、开蚝、煮蚝水、洗蚝、炖蚝油、晒蚝豉"等工序及其细节。紧接着，L 社区①居民 XMG、ZZE 和 ZSH 主动邀请社工前往附近滩涂，亲自演示和教授工具使用方法和打蚝技巧。同时，居民们主动捐赠了 10 余件与蚝文化相关的生产和生活用具。在相互交流的过程中，H 社区和 L 社区居民多次表达对传统蚝油文化丧落（蚝文化被淡忘、无人传承）的痛惜和遗憾，并主动提出应该传承和保护蚝油文化。其次，社工引导手艺人和居民共同举办"吃蚝、品蚝油"主题的美食制作讨论会，共同回忆蚝美食菜式（蚝油点鸡等）并进行现场制作，鼓励社区民众弘扬蚝油文化。最后，社工推动 H 社区成立"古法蚝油守艺人"团队，学习古法蚝油技艺并在首届"古法蚝油文化节"上现场熬制蚝油，讲述蚝油文化故事。此外，"古法蚝油文化节"还推出"吃蚝（好）最要紧"的"蚝宴"和社区公益市集。"蚝宴"吸引本/外地居民、H 社区附近企业员工及游客共计 600 余人共同参与，极大增强了居民对传统"赶海文化"和"蚝油文化"的认同感和自豪感。在这次"古法蚝油文化节"上，社工推动成立的由本、外地妇女骨干组成的"H 社区自主创业妇女小组"参与公益市集，通过售卖自制的农产品、健康零食、手工艺品等，共创收近 13000 元。

总之，"古法蚝油文化节"的社区自治尝试促进三类群体共同参与的同时，赋予本、外地居民平等参与公共生活并获得公平劳动报酬的权利，使其作为劳动者能够共享成果，从而减轻社会排斥，增进社区包容。与一般社区活动不同，"古法蚝油文化节"既是社区自治实践又是社区经济尝试，作为替代性经济形式（米勒，2012），社区经济尝试突破社会主义计划经济和资本主义市场经济的各自弊端（赖特，2012），强调社区民众志愿合作和经济自主性，包括自下而上的社区参与、培育社区组织、搭建资源网络、实现社区和民众赋权增能等（黄洪，2005）。社工秉持平等互助的原则，鼓励本、外地居民充分利用社区优势资产，发挥个体及社区能动性，采用平等对话、集体协商、外出学习等方式，培育社区自治组织，通过城乡合作、公平贸易等途径改善生计。同时，社工引导各级政府发挥资源优势，与居民通力合作，实现上下联动的社区共治，重塑新型的政社关系，共建包容性社区。值得一提的是，受"古法蚝油文化节"的鼓舞，社工秉持弱势优先的价值观，推动 H 社区本、外地三类群体的妇女、老人成立生计发展互

---

① L 社区与 H 社区是同类的工业化社区，属于同一个行政单位管辖，L 社区也是该行政单位文化历史最悠久的社区之一，与 H 社区的直线距离约 3 公里。

助组（以下简称"生计小组"），并细分为社区厨房接待小组、社区资产导赏小组、社区教育讲师等，社工扮演使能者、陪伴者和资源链接者的角色，协助各小组通过PPT演讲提升社区导赏和讲授能力，并举办接待小组"试菜评议会"，以此鼓励组员提高服务质量。此外，社工趁机提升生计小组的综合能力，完善小组内部合作机制，规范小组管理，讨论确定按劳分配原则和公益金提取比例、用途等，确保生计小组良性发展。据不完全统计，截至2020年12月，接待小组共完成接待服务19次、接待652人次，接待总收入达到51145元，其中个人获得13284.9元，社区公益金收益3790.14元。[①] 社区公益金的公共福利性质增强H社区居民的身份认同，重新唤起民众的公共参与意识，增强了社区凝聚力。更关键的是社工倡导的按劳分配原则，从本质上肯定劳动价值，使劳动者获得应有的劳动报酬，改变资本控制的财富分配方式，实现平等参与，增强了社区包容。

四　讨论与结论

H社区的社会工作实践表明，只有增强社区公共意识，促进公共参与，实现自下而上的社区自治，才有可能减轻社会排斥，从而建设包容性社区。绿耕社工在H社区的实践具有以下可供借鉴的实务经验。

第一，运用资产建设理论发掘并肯定三类群体的劳动价值，促进公共参与和自下而上的社区自治，推动社区内源性发展。社区自治的核心在于推动居民共同参与管理社区公共事务（张和清、古学斌，2012），使其拥有社区治理的主导权（朱健刚、胡明，2011），同时，社区内部的历史文化、社会关系等潜在资源是民众公共参与和主体性提升的基础（张和清、杨锡聪等，2016）。社工运用"三同"等群众工作路线，以"局内人"视角感受三类群体的生活处境，从而逐步破解社会排斥的边界并与弱势群体建立"互为主体"的信任关系，有利于培育有公义心的"善人"，实现"善治"。与此同时，社工秉持资产优势，挖掘社区传统技艺、社会关系、共享规范及劳动价值等，与三类群体共建社区公共厨房、文化活动中心和地塘广场等公共空间，有利于复兴社区公共生活，重建三类群体的社区联结，重拾居民主体性，激发社区发展的内生动力。

---

① 参见符丽君等《珠海项目五年成效数据统计》（2020年8月），绿耕H社区项目内部资料。

第二,面对社会排斥的困境,社工利用扎根社区的"在场"优势,发现"角落里"(被忽视的边缘地区等)和"衔接处"(被忽视的社会关系等)两个重要内容(冯仕政,2021),并借助二者有机结合的公共生活的平台与媒介,推动社区自治,减轻社会排斥,增强社区包容。在 H 社区,社工在"角落里"和"衔接处"发挥使能者、资源链接者和"中间人"的作用,以打造"社区公共厨房-文化活动中心-地塘广场"为载体与三类群体共创公共生活,从而营造开放包容、社区自治的文化氛围。社工采用能力建设和社区组织的策略,利用空间推动公共参与和社区自治,促使三类群体逐渐突破身份和文化边界,消除标签化和污名化,减轻社会排斥,增强社区包容。

第三,运用社区组织的策略推动上下联动的社区共治,建设包容性社区,保障社区治理的有效性。以"古法蚝油文化节"为代表的社区自治尝试强调通过社区组织和资源网络提升边缘弱势群体互助合作能力,以便改善社会关系,促进社区公共参与(黄洪,2005),并衔接正式组织与非正式组织,畅通其沟通合作的途径,逐步改变权利和财富不平等分配的格局。社工坚守"弱势优先""互助合作"价值理念与工作原则,培育社区互助组织(古法蚝油守艺人小组、接待小组等),赋予三类群体平等表达、民主决策的权利(生计小组会议等),协助社区组织依据"协商共议""民主决策"的组织原则和管理规范,重塑团结互助的社区氛围,这在一定程度上回应了社会排斥,保障了社区治理的有效性。

第四,绿耕 H 社区项目共建社区自治的包容性社区试验虽然在一定程度上实现社区自治、减轻社会排斥,加强三类群体社会团结,但它仍然是个案研究,在可复制性方面存在限制。众所周知,当前的中国城乡社区发展不平衡且差异巨大,社会工作实践必须立足于当地社区的本土情境和文化脉络,结合社区和民众需求,制订切实有效的社会工作介入方案。换言之,尽管绿耕 H 社区社会工作实践无法直接复制,但它是探索应对社区治理困境、减轻社会排斥的重要尝试,更是从研究和实践层面开启社会工作推动包容性社区建设的有益探索。

参考文献

埃里克·欧林·赖特,2012,《指南针:指向社会主义的替代性选择》,闻翔译,《开放时代》第 6 期。

柏兰芝，2013，《集体的重构：珠江三角洲地区农村产权制度的演变——以"外嫁女"争议为例》，《开放时代》第 3 期。

陈佩洁，2018，《城乡统筹背景下的农村社区自治研究》，《农业经济》第 9 期。

冯国坚、朱昌熙，1998，《社区组织》，载甘炳光、梁祖彬、陈丽云等主编《社区工作——理论与实践》，香港：香港中文大学。

冯仕政，2021，《社会治理与公共生活：从连结到团结》，《社会学研究》第 1 期。

古学斌，2001，《发展中的"他/她者"：中国农村社会边缘性的形成》，载古学斌、李明堃主编《华人社会中的社会排斥与边缘性》，香港：香港理工大学应用社会科学系政策研究中心。

古学斌，2014，《云南省少数民族村的文化资产建设》，载邓锁、迈克尔·谢若登、邹莉等主编《资产建设：亚洲的策略与创新》，北京：北京大学出版社。

贺雪峰，2019，《行政还是自治：村级治理向何处去》，《华中农业大学学报》（社会科学版）第 6 期。

黄洪，2005，《以资产为本推行社区经济发展——香港的经验与实践》，《江苏社会科学》第 2 期。

黄洪、李剑明，2001，《困局、排斥与出路：香港"边缘劳工"质性研究》，香港：乐施会香港"边缘劳工"研究之二。

景晓芬，2004，《"社会排斥"理论研究综述》，《甘肃理论学刊》第 2 期。

刘晓春、古学斌，2007，《解放/被解放？——谈批判教育学与社会工作社区发展教育》，载王思斌主编《中国社会工作研究》（第五辑），北京：社会科学文献出版社。

吕永祥、王立峰，2019，《县级监察委治理基层"微腐败"：实践价值、现实问题与应对策略》，《东北大学学报》（社会科学版）第 1 期。

彭华民，2007，《福利三角中的社会排斥：对中国城市新贫穷社群的一个实证研究》，上海：上海人民出版社。

齐格蒙特·鲍曼，2013，《全球化——人类的后果》，郭国良、徐建华译，北京：商务印书馆。

任焰、张莎莎，2015，《儿童劳动与家庭再生产：一个粤西农村的经验研究》，《开放时代》第 6 期。

Stepney, P. & Popple, K. ，2011，《社会工作与社区——实践的批判性脉络》，邓湘漪、陈秋山译，台北：心理出版社股份有限公司。

田鹏、陈绍军，2016，《"无主体半熟人社会"：新型城镇化进程中农民集中居住行为研究——以江苏省镇江市平昌新城为例》，《人口与经济》第 4 期。

万向东主编，2019，《珠海红星村口述史：一个南海边陲工业化村庄的变迁》，广州：中山大学出版社。

吴昊、郑永君、谷玉良，2017，《快速城镇化背景下转型社区的发展陷阱及其治理困境》，《城市发展研究》第 5 期。

徐震，1980，《社区与社区发展》，台北：正中书局股份有限公司。

严飞，2020，《构建乡村基层自治与乡村振兴战略相结合的社会治理新格局》，《南京社会科学》第 11 期。

闫红红、张和清，2019，《优势视角下农村妇女组织与社区参与的实践探索——以广东省 M 村妇女社会工作项目为例》，《妇女研究论丛》第 2 期。

伊桑·米勒，2012，《团结经济：主要概念和问题》，罗晓旭、刘亚译，《开放时代》第 6 期。

曾群、魏雁滨，2004，《失业与社会排斥：一个分析框架》，《社会学研究》第 3 期。

张树旺、卢倩婷，2018，《论治理有效的新时代乡村治理体系的塑造——基于广州南村治理创新模式的考察》，《华南理工大学学报》（社会科学版）第 4 期。

张和清、古学斌，2012，《重塑权威之下的善政格局——中国乡村治理困境分析》，《人民论坛·学术前沿》第 10 期。

张和清、杨锡聪等，2016，《社区为本的整合社会工作实践：理论、实务与绿耕经验》，北京：社会科学文献出版社。

周飞舟，2006，《从汲取型政权到"悬浮型"政权——税费改革对国家与农民关系之影响》，《社会学研究》第 3 期。

朱健刚、胡明，2011，《多元共治：对灾后社区重建中参与式发展理论的反思——以"5·12"地震灾后社区重建中的新家园计划为例》，《开放时代》第 10 期。

Hall, D., Hirsch, P., & Li, T. M. 2011. *Powers of Exclusion: Land Dilemmas in Southeast Asia*. Honolulu: University of Hawai'i Press.

【社区工作研究】

社会资本视域下青年社区治理与"弱参与"问题研究

——以上海市 Y 区为例

邓文龙　黄晓春[*]

摘　要　在"加强社区治理体系建设，推动社会治理重心向基层下移"的背景下，社区治理成为加强和创新社会治理的关键议题，而参与社区治理是青年的主体性与公共性融合的重要过程。本文主要基于社会资本理论，以上海市 Y 区青年参与社区治理的现状和问题为切入点开展质性研究，主要发现如下。首先，青年参与社区治理主要有四种模式，分别是党建引领下的"三驾马车"模式、社区社会组织模式、自觉参与模式和高校协助模式。其次，青年社区治理"弱参与"问题有三种表现：治理主体中表现弱、参与意愿弱、参与能力弱。针对"弱参与"问题的表现并结合社会资本原有的理论脉络，本文提出了"疏网络-低信任-失规范"的思路来对青年社区治理"弱参与"问题进行理论分析和解释。最后，结合研究结果和社会资本的作用机制，本文总结了引导青年参与社区治理的过程模型，并提出了相应的应对策略。

关键词　社会资本　社区治理　弱参与　青年

---

[*]　邓文龙，上海大学社会学院博士研究生，主要研究方向为青少年社会工作、社区治理等；黄晓春，上海大学社会学院教授，主要研究方向为特大城市社区治理、组织社会学等。

青年是国家的未来、民族的希望，青年积极、广泛地参与社区治理可为整体社区治理体系的完善和具体社区研究范式的更新提供持续不竭的动力。目前而言，大部分青年对参与社区治理虽然存在潜在意愿，但在实际行动中遭遇了不同程度的阻力和障碍。如何调动广大青年参与社区治理的积极性，并基于此挖掘和开发青年在社区治理方面的潜力成为当前推进社区治理创新的一个时代命题。

一 理论基础与研究方法

本研究所采用的理论是社会资本理论，并且根据研究的目的和实际情况选择质性研究范式。主要从理论基础和研究方法两个部分进行阐述，对社会资本理论进行解释和操作化，说明研究收集资料的方法和研究对象的选取方法，进而提出本研究的主体问题。

（一）社会资本理论

本研究选取的社会资本视角是基于帕特南的有关观点，主要包括以下三个构成要素。

1. 关系网络

关系网络一词起源于社会网络分析方法，其产生早于社会资本。关系网络是特定的个体及其相互关系的集合。帕特南特别强调了这种网络，在其研究中表述为公民参与网络（civic engagement network）。社会资本是人与人之间的关系和社会结构中衍生出的一种资源（周红云，2011：13）。关系网络成为社会资本的基本要素，是因为社会资本就是嵌入网络的资源，这是布迪厄和林南的观点。帕特南也承认对社会资本的生成而言，个体必须在参与某种网络的过程中才能产生互动，在此基础上生成的信任和规范构成了社会资本（见图1）。

每个人都拥有社会关系网络，如同辈网络、社区网络等。对社会关系网络的作用加以总结，就是个体能够通过社会关系网络获取一定的资源和信息，减少行动成本来达成目标。社会关系网络对本研究的启发在于，首先，青年的社会关系网络状况如何，与社区的其他群体相比是否存在差异？根据一般的认识，青年忙于工作很少关心社区事务，他们的社会关系网络可能会受到影响。其次，什么样的社会关系网络中个体的参与积极性比较

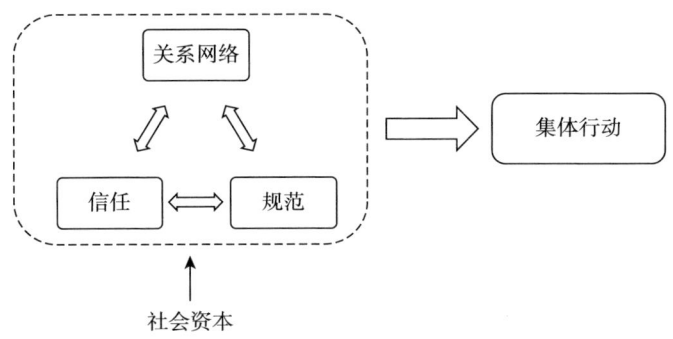

图 1　帕特南的社会资本观点

高，是松散还是紧密的关系网络，或者重视信息交换和资源交换的关系网络是否有不同的影响？最后，根据帕特南对社会资本的理解和研究的实际情况，本研究对关系网络的分析讨论将主要从社区内各类组织着手。正如定义中所言，青年在社区中加入的各类组织能够反映其关系网络的状况，通过对其加入各类组织的情况进行了解可以对关系网络这个抽象的概念进行具体的把握，故本文将从社区正式组织和非正式组织两个方面了解青年在关系网络方面的状况。

2. 信任

信任也是看似基本但内涵深厚的概念。格兰诺维特（2019）在《社会与经济——信任、权力与制度》一书中对信任的概念进行了详细的阐述，信任的概念是愿意接受风险而从他人那里得到互惠的回报的期待。也有学者将信任定义为一种主观性概率的特殊层次，行动者用它来估计另一行动者或一群行动者将要采取的特殊行动（Ostrom & Ahn，2008）。社会资本发挥作用的路径之一就是加强个体之间的信任从而促成合作。信任与社会资本在某些特征上具有相似性，例如，都有自我强化和不断累积的特征。

就本研究来说，新一代青年群体成长在社会变迁的背景之下，他们的人际信任和社会信任会呈现新的特征，进而影响他们的参与行为。简单来说，他们与社区或者社区内其他治理主体的联系本身不强，信任自然无从谈起，他们的信任更可能在家庭、同辈群体或者兴趣团体中得以展现。需要说明的是，一般来说，各类研究中将信任操作化为人际信任和社会信任，具体到以社区为研究场域的情况下，本研究以社区内的组织信任代替了定义更为广泛的社会信任，主要从人际信任和组织信任两个方面开展研究。

3. 规范

规范是重要的社会资本要素，福山（2003）甚至将社会资本直接定义为规范,将规范视作人们接受和履行的行为准则,人们为了长期的回报而自愿做出贡献和付出短期牺牲。黄晓东(2009)指出规范有助于个体克服在社会中遇到的各种困境并解决集体行动问题。方亚琴(2019)从问题和需求的视角定义了社区规范的功能,即解决集体行动问题和满足公共利益需求,包括正式规范与非正式规范。

青年在社区中遇到的问题,是否与社区参与或社区治理中规范缺失有关?本研究认为,不妨从青年参与的动机出发,不论是功利的还是非功利的动机,参与行为本身期待着某种形式的回报(认同感、技能提升等),这体现了互惠性。一旦缺失这种互惠规范,参与的动机或动力是否会受到影响?这种规范可以是正式的也可以是非正式的,前者主要来自社区内的正式组织,后者主要是个体或群体之间的互助关系。因此本研究计划从两种形式的规范来综合考察社区参与问题。

(二)研究方法

本研究收集资料的方法主要是深度访谈法,访谈对象为在 Y 区所辖社区中生活、学习和工作的 16 位青年。主要采用立意抽样结合滚雪球抽样的方法选取个案样本。笔者在研究之初访谈了 Y 区各个街道的团工委书记,并通过他们寻找了一些社区治理中的"青年领袖"或者有社区治理经验的研究对象,在与这些对象接触的过程中请他们继续介绍参与过社区治理的有关青年。主要依据访谈对象的身份和职业的不同进行简单归类,编号的规则是:身份/职业类别的代称字母+序号。访谈对象的平均年龄为 28.94 (± 3.23)岁,所有访谈对象的受教育程度均为本科及以上(见表1)。

表 1 访谈对象基本信息 ($n=16$)

访谈对象编号	性别	年龄	学历	身份/职业	备注
JD01	女	27	本科	街道团工委书记	
JD02	女	28	本科	街道团工委书记	
JD03	女	27	本科	街道团工委书记	
JD04	男	32	本科	社区党总支书记	
JD05	女	38	本科	社区党总支书记、居委会主任	书记、主任一肩挑
JD06	男	28	本科	社区工作者	
WY01	男	30	本科	物业公司工作人员	
GX01	男	29	博士	高校学生	利用所学专业参与社区微更新

续表

访谈对象编号	性别	年龄	学历	身份/职业	备注
SH01	男	31	硕士	社会组织负责人	组织驻点社区，服务青年群体
SH02	女	29	硕士	社会组织负责人	组织开展社区治理服务
LX01	男	32	本科	青年领袖	社区足球队负责人、业委会委员
JM01	男	25	本科	普通居民	
JM02	男	26	本科	普通居民	
JM03	女	28	本科	业委会委员	全职太太，倾向于参加亲子活动
QY01	女	28	硕士	企业团委书记	国企，负责创业园区的青年工作
QY02	女	25	硕士	企业管理人员	咨询公司，员工多为青年

根据已有研究的分析和本研究的目的，本文主要有以下三个方面的具体问题：（1）青年参与社区治理的现状如何？形成了何种参与模式？不同模式之间有什么联系和区别？（2）如何理解和定义青年的社区治理"弱参与"问题？其有哪些具体的表现和特点？（3）如何从社会资本的视域理解青年参与社区治理的过程并提出相应的参与策略？

二 青年参与社区治理的现状

本研究采用深度访谈法对青年参与社区治理的情况进行了解，通过访谈资料的整理和归纳呈现青年参与社区治理的模式。青年参与社区治理的模式多种多样，总的来看，离不开与各类组织的联系。本文根据访谈资料将青年的参与模式总结为以下四种。

（一）党建引领下的"三驾马车"模式

社区治理主体中包含的正式组织主要是基层党组织、居委会、业委会和物业公司。分布在各个社区居委会的基层党组织在社区治理中发挥了独特的作用。社区"三驾马车"模式是上海在开展社区治理过程中产生的创新机制，协调居委会、业委会和物业公司三方联动。在 Y 区的社区治理实践中，基层党组织与社区的"三驾马车"密切联系，成为青年参与社区治理的主要途径之一。

随着干部年轻化的要求和趋势，有一部分青年人进入了基层党组织和社区"三驾马车"中工作，进而参与到社区治理当中。

> 社区微更新涉及广泛，我把物业的、居委会的、业委会的和居民代表都喊到一起开联席会议，主要是以党小组的形式，商量最优的方案出来。（JD05）

通过党组织协调各个社区治理主体的关系，是党建引领下的"三驾马车"模式的突出特点。广泛存在于社区各个治理主体中的党小组在处理这类问题时有着天然的优势，社区"三驾马车"、居民中都存在党小组，其既能获取各方代表的信任，深入了解情况，又能综合考虑各方利益，在党组织的协调下能联合多方力量解决复杂问题。业委会是小区业主自我管理的自治组织，联系着业主和物业公司。为了更好地维护全体社区居民的利益，让青年在业委会中发声就非常关键。

（二）社区社会组织模式

本研究的社区社会组织主要包括社会服务机构、志愿团体、睦邻中心、青年中心这几大类。这些组织活跃于基层社区，不仅自身参与到社区公共事务中，还为更多的有志青年提供了参与社区治理的途径。

以一家位于社区的社会工作服务机构为例，其理事长是社会工作硕士，整个机构员工平均年龄为 25 岁。作为一个平台型的社会组织，其能为更多青年人提供参与社区治理的机会。

> 我觉得在社区里的机会还是很多的，我其实更希望更多专业的人进来做相关的事情，把它打造成一个青年人的平台。（SH01）

> 家长委员会从一开始只组织活动，逐渐自发地关注社区问题。比如儿童游乐场所有没有什么安全隐患啊，这个设施是不是需要更新了，更加关心社区这些事情了。（JD03）

已经建立家庭并育有子女的青年会在社区事务上投入更多的精力。家长委员会的成立和运作就是在睦邻中心和社会组织的支持下渐渐发展起来的，家长委员会的例子也在帕特南《独自打保龄——美国社区的衰落与复兴》一书中被多次提及，被认为是美国中产阶级参与社区治理的重要方式。在社区中，各类志愿团体也是青年参与社区治理的方式之一。在志愿服务中贡献自己的力量，获得相关荣誉能够激发青年的认同感、参与感和自豪感，可以形成参与社区治理的良性循环。除此之外，青年中心也是吸引社区青年的重要社区组织。

> 先是要找到青年，找不到青年都是空谈。可以通过娱乐的方式让青年出来……采取线上＋线下俱乐部的形式，举办青年喜欢的活动，吸引和凝聚青年群体……再把他们逐渐引向社区公益，让他们这个小组织去关心社区事务。（JD01）

（三）自觉参与模式

在调研中发现，在相当数量的社区中存在一些青年自觉主动地参与社区治理的现象，在研究中我们称其为"青年领袖"。这些青年通过自觉地参与社区治理事务，逐渐成长为青年领袖，凝聚和带动了更多的青年参与，并逐渐成立了青年自组织，对社区公共问题进行回应。

这里的青年自组织与社区社会组织不同，社区社会组织模式下青年的参与主要是依托已有的相关组织参与社区治理事务，青年在各方的引导下不断成长；青年自组织则是由热心社区事务且执行力较强的青年创办的，青年领袖在其中扮演了主导性角色，是由一个青年到一群青年再到一个组织的过程。在本研究中，一个社区足球队的案例很好地展现了青年领袖是如何吸引带动社区青年参与社区治理，以及青年自组织如何从兴趣爱好转向社区公益、社区治理的。一位青年领袖讲述了他当初创办足球队的动机。

> 我是在老上海的弄堂中长大的，现在仍非常怀念"远亲不如近邻"的感觉。我自己足球踢得不错，所以2015年的时候我就牵头一起创办了社区足球队，免费给社区里想踢足球的孩子训练。（LX01）

从2015年创办之初的几个人到2020年的70个人，社区足球队的架构也日渐完善，都是由热心公益的社区青年组成的。随着社区足球队这个青年自组织不断壮大，他们的目标也出现了转变。

> 这个社区足球队队伍不断壮大起来，我们意识到这个公益足球队

应该肩负起更多的社区责任。慢慢地很多家长在活动中从路人变成了熟人。为了保障孩子们的安全以及社区居民的安全，我们足球队组织了社区的红十字应急救护员培训，很多家长放弃了周末的休息时间去参加培训，全部通过考核获得了证书，小区就这样有了一支居民急救队伍。（LX01）

社区足球队使得家长们的联系更为密切，带动了更多居民参与，说明青年的主动参与有利于带动更多居民参与，在集体活动中回应社区公共事务，从而在社区层面带动更多的居民参与，形成良性循环。

（四）高校协助模式

高校是社区治理中柔性的第三方力量，来自高校的青年参与社区治理具有显著的优势。具体来看，来自高校的青年学生的参与可以划分为三类。第一类是纯志愿属性的参与，依托高校的各类志愿者社团为社区提供相关的服务，与社区内的正式组织（居委会等）有一定的合作关系，这类参与方式的参与人数较多。

第二类是专业性的社区参与，社会工作或者社会学专业的学生通过专业实习、项目课题的方式，为社区治理贡献专业力量。除此之外，来自高校其他专业的学生，如设计、建筑、医学等专业，也能结合自身的专业优势对社区更新改造、居民健康需求等做出有效回应，符合多元主体参与的理念。

> 我原来是城市规划专业，现在读博方向偏向空间设计。我觉得在青年参与这一块儿，应该思考如何去打造一个可以吸引青年的"人的空间或者心理空间"，而不仅仅是一个物质空间。（GX01）

第三类是兴趣爱好类社团，这类组织通常为社区提供文化服务，包括皮影戏、戏剧等多种文化形式。

三 青年社区治理"弱参与"问题的社会资本分析

上文中青年的四种参与模式让我们对青年参与社区治理的现状有了一定了解，但正如大众所认知的，并非所有的青年都热衷于参与社区治理。

在本研究开展的初期，研究对象皆为在社区治理中表现活跃的青年。但随着研究逐渐深入，笔者发现，访谈对象皆反映身边的青年参与社区治理的情况其实不甚理想，大多数青年对社区事务不关心且游离于社区之外，这样的情况进一步激发了笔者的兴趣。

笔者由此进行了回访，对象主要是从事和组织青年工作的人员以及参与社区治理不多的普通青年，关注重点放在组织活动和参与活动面对的困难、参与或不参与的动机等方面，通过直接与间接相结合的形式对问题进行深入了解。在与之前的访谈材料进行对比整理之后，笔者分析和总结了衡量青年参与社区治理积极性的标准，将青年不热衷参与社区治理的现象总结为"弱参与"问题。

（一）青年社区治理"弱参与"问题

在了解青年参与社区治理情况的过程中，本研究发现青年人这一群体的社区参与呈现一种"弱参与"的情况。"弱参与"不单单是指参与社区治理的行为数量多少，还是具有复杂内涵的概念。在政治参与的研究中也有类似的现象——"人们为何不参与政治"，对此政治学的解释是："因为他们不能；因为他们不想；或因为没人要求。"（周红云，2011：279）这个解释对理解青年社区治理"弱参与"问题也很有启发，本文主要从以下三个方面对该问题进行分析。

1. 治理主体中表现弱

社区治理需要多个治理主体的协同参与，在本研究中涉及的治理主体按照正式组织和非正式组织进行划分，此外，在组织之外居民本身也是治理主体之一。在了解治理主体的基础之上，青年在治理主体中表现弱指的是青年要么游离于这些治理主体之外，要么在其中被动地参与一些事务。

> 社区里面租房的青年人占大多数，他们工作忙，通勤时间很长，也不是这里的业主，不怎么参与社区的事情。经常参加活动的志愿者没有低于65岁的。（JD05）

青年在正式组织中的参与程度其实较低，其中既有青年数量少、工作忙等自身原因，也跟这些正式组织对其成员的约束有一定关系。社区内最活跃的非正式组织往往不是青年自组织，而是中老年人的活动组织。

> 这个青年自组织它还是比较有限的，一个社区或者街道没有几个，大部分活跃的还是老年舞蹈队这一类组织。（JD06）

社区的定位决定了中老年群体对社区的归属感和获得感都比较强，对社区的认同和归属是社区参与的重要条件，只有怀着对社区的认同青年才愿意主动地去参与社区公共事务。

2. 参与意愿弱

参与意愿反映的是青年参与社区治理的基本态度和行为取向，参与意愿是治理行为的基础。几乎所有的研究对象都提到了青年在参与社区治理上意愿不强的问题，青年对社区的事务既不熟悉也不信任，没有什么意愿参与到社区治理中，需求得不到满足，兴趣也不在此。

> 虽然老年人社区活动参与度更高，但是老年人需求也多。大部分青年参与社区治理的意愿比较弱，都是"没事不要来打扰我"的心态。（WY01）

> 现在不论是居委会还是业委会，其实还是觉得青年人年龄小，社会阅历不够，对他们的办事能力也不是很相信。（JD03）

一些青年在社区治理上的观念还比较传统，认为社区建设发展是政府、街道和居委会的事情，跟他们没有关系。这种不关心、不信任的状态也会影响青年的参与意愿。

3. 参与能力弱

社区治理离不开多方治理主体的协同参与，参与能力就成了影响社区治理成效的重要因素。研究发现，参与能力与公民对参与的主观认知、所具备的基本知识和参与渠道相关（夏晓丽、蔡伟红，2017）。具体而言，青年对参与社区治理的了解、青年参与渠道的状况、青年对参与技能的掌握都能反映其参与能力。

> 青年有他自己擅长的事情，但是你说真要到社区组织一些活动，他这方面的经验其实是比较欠缺的……希望发掘出来一些优秀青年，然后去培养他，让他拥有更强的能力，找到一个就能带动一片。（JD03）

社区青年普遍参与能力弱不仅跟自身因素有关，也跟一些针对青年的制度规范不够完善有关。例如，青年不是业主就不能参加业委会，相关的培训也未能惠及青年人。如果没有丰富的参与渠道，那么提升参与能力就显得尤为困难。

（二）"弱参与"问题在四种参与模式中的比较

如表2所示，笔者采用"↑"表示程度较强，"—"表示程度一般，"↓"表示程度较弱。前文明确了社区治理"弱参与"问题的具体表现之后，我们可以发现治理主体中表现、参与意愿和参与能力这三个要素在不同模式中表现出的强弱程度不同，青年在不同参与模式中有着不同的特点。

表2 "弱参与"问题的具体表现在四种参与模式中的比较

	党建引领下的"三驾马车"模式	社区社会组织模式	高校协助模式	自觉参与模式
治理主体中表现	↑	↑	↓	↓
参与意愿	—	↑	↑	↑
参与能力	↑	↑	↓	—

例如，在党建引领下的"三驾马车"模式中，青年的参与能力可以在组织中得到更好的锻炼和培养，党组织赋予的身份也让青年能够与多个社区治理主体协同合作。但相对而言，青年自主、自发参与的意愿不够强烈。而在高校协助模式中，青年学生无疑有较强的参与社区治理的意愿，但其并非社区成员，所以与社区治理的主体联系其实不强，治理能力也往往需要在实践中进一步锻炼。如果将"弱参与"问题的三种表现与社会资本的要素联系起来进行比较，我们可以发现，不同模式中社会资本的三个构成要素所发挥的作用程度也有区分。在党建引领下的"三驾马车"模式中，正式组织所提供的联系紧密、资源丰富的关系网络这一特点十分明显，在正式规范方面也可能比较完善。这对下文的理论分析具有启示作用。

（三）社会资本理论的解释

在了解青年社区治理参与模式的基础上，本研究结合社会资本理论的视角对青年社区治理"弱参与"问题进行进一步的讨论。社会资本主要包含关系网络、信任和规范三个核心要素，经过对研究资料的归纳梳理，笔者在原理论的基础上提出了疏网络、低信任和失规范三个新概念对社区治理"弱参与"问题进行分析。

1. 疏网络：正式组织的封闭和非正式组织的局限

社会资本理论认为关系网络是能够产生互惠的规范和信任的关键（Park & Shin, 2005）。因而关系网络相比其他社会资本的构成，更具有核心的特征，所以分析青年的关系网络状况对理解社区治理"弱参与"问题就十分关键。结合社区的实际状况，青年的正式组织和非正式组织参与情况能够较好地反映其关系网络状况。科尔曼（2008：367）认为，为特定目的创建的组织，可以服务于其他目的。由于创建的组织具有公共物品的性质，它可以使全体成员享受好处，包括创建者自己和其他人。相应地，如果社区内正式组织和非正式组织未能很好地发挥作用，那么社区治理的所有主体都会受到不良影响。

（1）正式组织的封闭

青年通过在各类正式组织中服务、工作和学习，逐渐参与到社区治理的事务中。又因为社区内的正式组织拥有相对丰富和集中的资源，并有着成熟的管理制度，青年能够依托这类组织将自己关于社区治理的想法付诸行动，借助此类组织参与社区治理的青年更有效能感。

> 我是从市场监督局选派成为社区党总支书记，后面通过居民的投票成为社区居委会主任，在基层开展工作能切实感受到群众的智慧，我的一些想法能够变成行动离不开很多人的支持，我也比较有成就感。（JD05）

社区内的正式组织除了具有权威性和引领性之外，其自身特征也决定了其封闭性。一方面，社区内的正式组织数量有限，能够吸收青年人的数量也不多，中老年人占据着主导地位；另一方面，主要的社区正式组织倾向于选择更有经验和更有时间的中年人，对青年人往往持保留态度。

> 换届选举的时候，那些候选人都是社区里比较有威望的叔叔阿姨，他们退休前可能都是高校老师、企业老总，很厉害，居民还是相信他们，青年在这方面不占优势。（SH02）

社会资本理论的研究已经表明，封闭的关系网络只会培育和增强其内部成员的社会资本,在内部实现相互的信任和互惠规范,而对圈外人产生排斥,就社区层面而言,不利于社区整体的治理和发展。

(2) 非正式组织的局限

与社区的正式组织相对,社区非正式组织在本研究中主要指各类自组织。社区内正式组织和非正式组织的区分主要看人们之间的联系,如果人们是因为权力、职责等工作联系而建立的组织,一般都属于正式组织。非正式组织中人们的联系不包含工作关系,可以是兴趣、爱好等情感联系。这些自组织包括社区足球队、家长委员会、妈妈团等。

非正式网络是不需要一个正式组织的存在而构建的社会关系。研究发现,在正式网络和非正式网络之间,人们通常倾向于在非正式网络中度过大部分的时间和生活(帕特南,2011:135)。因此,社区自组织的发展可以拓展人们的非正式网络,将社区里的青年和其他居民群体从单一的地缘关系(居住于此)拓展为趣缘群体、志缘群体等多类群体,加强相互之间的情感和利益联系。随着非正式网络的拓展,更多的信息和资源得以流动和共享。例如,家长委员会的发展让其中的家长成为熟人,相互提供信息和帮助;社区足球队通过公益的足球培训,为社区争取到了医疗义诊的资源。

社区自组织自然也有其局限性,在多个街道的走访调研中发现,由青年领袖牵头创办的青年自组织数量十分有限,可以说这部分人的出现带有一定的随机性,想要稳定地发掘和培养青年领袖是比较困难的。除此之外,社会快速发展背景下的青年人乐于追逐潮流,喜好容易发生变化。以爱好、兴趣凝聚起来的自组织内聚性很强,无法吸引到与其兴趣不相符的青年,拥有小众爱好的青年无形地被排斥在组织之外。

(3) 影响分析

总的来看,青年在社区中的关系网络受到了社区内正式组织和非正式组织的影响。社区中的正式组织由于其封闭性将青年排斥在关系网络之外,非正式组织在吸引青年参与方面也有很大的局限,加之两者的数量相对较少,造成了青年在社区关系网络中的疏离,本文将其归纳为"疏网络"。社会资本理论的核心观点之一是关系网络具有价值(帕特南,2011:6),即社会资本基本是通过多样的、相互连接的关系网络而产生的。用社会资本理论来解释,就是青年的疏网络状况导致其参与社区治理的相关渠道比较有限,与不同的治理主体之间缺乏沟通和协商,影响青年参与社区治理的效果。

2. 低信任：组织信任的分化和人际信任的内隐

信任是社会资本必不可少的组成部分，根据社会资本的构成，社会规范和公民关系网络会促进社会信任的产生。遵循社会规范因而人们可以长期重复合作，提高相互的信任水平。本研究主要从组织信任和人际信任两个角度对社区青年的信任状况进行了解，并分析信任状况是如何影响社区治理参与行为的。

（1）组织信任的分化

本研究所讨论的主题是社区治理，所以这里的组织信任主要是对居委会、业委会和物业公司的信任程度的考察。青年对这些组织的信任情况呈现分化，与之打过交道的青年，大部分的信任程度较高。

> 我之前去办医保跑过几次，里面的工作人员还是很好的，跟我想象中不太一样，要年轻一点，工作态度挺好的，问题也给我解决了。（JM03）

没有打过交道或者对这些组织一点也不关心的青年，只是在其印象中有这么个组织。他们不知道居委会在哪，具体能干什么也不清楚，信任程度普遍偏低，甚至说不上信任或不信任。

> 我只是大概知道居委会能做什么，但是感觉除了人口普查其他时候也没怎么见过，好像可以调解纠纷？这个不一定行吧，我没见过。（JM01）

这也跟社区与青年的关联性较弱有关，青年在大多数情况下不会去向居委会寻求帮助，两者的互动就比较少，信任关系就更难建立起来。同样地，业委会和物业公司的情况也比较类似。

（2）人际信任的内隐

人际信任就是人们随时准备相信大多数人（即使是素不相识的人）的善意，在本研究中是指青年对社区居民的信任程度。研究表明，信任他人的人参加志愿活动较多、对社区组织的参与更为频繁，展现出各种形式的公民美德（帕特南，2011：221）。"你认为社区里的大多数人是可以信任的，还是说对待别人要留个心眼？"这个问题是世界价值观调查项目（World Values Survey Project）中有关人际信任的一个经典问题。在访谈中，几乎所有研究对象的回答都展现出了较高的人际信任。

在后续的访谈中，本研究发现青年在人际信任方面普遍表现得比较"内隐"，需要一定的机会或者在具体的相处中才会表达，不能直接观察到。这一点与中老年群体有着较大的区别，他们主要是靠见面打招呼、闲聊和一起参加活动建立起信任关系的，青年往往停留在一开始。没有后续的交往和互动，青年的人际信任只是停留在口头，只有在更进一步的活动接触时，青年才会展现他们的信任。

（3）影响分析

青年的社区信任主要通过组织信任和人际信任两个方面得以体现。在组织信任上，出现了分化，与主要社区组织打过交道的青年对其信任程度较高，对这些组织了解不多的青年则信任程度较低且信任态度冷漠；在人际信任上，新时代青年需要借助具体的接触和互动才会展现他们的信任，如果没有互动的机会，这种信任只会被青年"藏在心中"。本文将这些情况用"低信任"加以归纳。

值得一提的是，低信任状态既是社区治理"弱参与"的原因，亦可作为社区治理"弱参与"的结果。在社区的低信任状态下，青年的参与意愿比较弱而无法达成合作，无法凝聚集体行动的共识，导致社区治理无法推进。

3. 失规范：正式规范的匮乏和非正式规范的流失

社区规范是引导人们参与社区生活的行为准则，是结合奖惩手段来指导、约束和管理社区各方关系的规范的总和。具体到本研究，主要包括正式规范和非正式规范。科尔曼（2008：369）认为社会规范作为一种社会结构，不仅会使积极参与建立规范的人受益，而且会使处于相应结构中的所有人受益，这正是社区规范的意义。

（1）正式规范的匮乏

社区内的正式规范主要是由社区内的正式组织制定规则和制度体系，需要全体居民共同遵守，发挥着指导作用。近年来业委会的发展十分迅速，然而社区有相当一部分青年因为不是业主身份而不能进入业委会，挫伤了他们的参与热情。而社区又需要一些掌握专业技能的青年参与社区事务，就只能冠以志愿者的名头。

> 有需要的时候喊过来帮忙是可以，但是业委会的日常工作还是比较繁杂的，本身也是无偿，吃力不讨好。有几个青年委员都是只干一

届就再也不干了。(JD02)

也有青年认为应该结合社区的实际情况，探索新的管理规范，帮助青年更好地参与到社区治理中。

没有法律法规规定业委会的工作就是无偿的，可以试着按照职业经理人那样的工作模式，也可以考虑给予业委会委员一定的补贴。(LX01)

没有相关的正式规范引导，导致青年缺少参与社区事务和获得锻炼的机会，也会挫伤青年的参与意愿。因此正式规范的补充和发展十分重要。

(2) 非正式规范的流失

与正式规范相对应，非正式规范其实是指约定俗成的行为准则，需要大家去遵守的行为规范，在本研究中社区的非正式规范主要体现为互惠规范，如社区内的互助关系。邻里互动是影响互惠规范的重要因素，在与邻里持续的交往中双方会建立信任关系，并愿意在对方需要时提供帮助，在"给予—接受—回报"中实现互惠。研究发现青年由于种种原因在邻里互动方面表现比较差。

青年的流动性是很强的，有不少青年虽然在 Y 区工作，但他户籍不在这里，甚至他住的地方都不在这个区。(JD04)

居所的稳定性与公民参与有着密切的联系，一个流动的人需要花时间在新地方扎根。在互惠规范中，个体给予他人帮助时包含着对方可能在未来回馈自己的期望，所以才会在当下花费时间、精力去帮助他人。如果缺乏长期相处的预期和打算，互惠规范也会逐渐失灵和流失。

(3) 影响分析

完善的社区规范可以为青年参与社区治理提供指导，丰富其参与社区治理的渠道，增强其社区治理的能力并真正建立其对社区的归属感。研究发现社区内正式规范的缺乏导致一部分有志青年失去了参与社区治理和锻炼自己能力的机会，社区非正式规范也因为青年对社区归属感较弱而渐渐流失，本研究将其归纳为"失规范"。

四 青年参与社区治理的进一步思考

结合对青年社区治理"弱参与"问题的社会资本理论分析,本文总结了青年参与社区治理的过程模型,如图2所示。社会资本的三个核心构成要素,可以具体划分为态度维度和结构维度(李六,2010)。结构维度的关系网络在社区治理中体现为社区中的治理主体,社会资本在关系网络这样的结构中存在和流转,因此说关系网络是社会资本的载体。态度维度包括规范和信任两大要素,社区中规范的完善有利于社区治理机制的形成,提升青年参与能力和丰富参与渠道,信任关系能够提升青年参与社区治理的意愿,两者结合就是社会资本引导青年参与社区治理的具体作用方式。

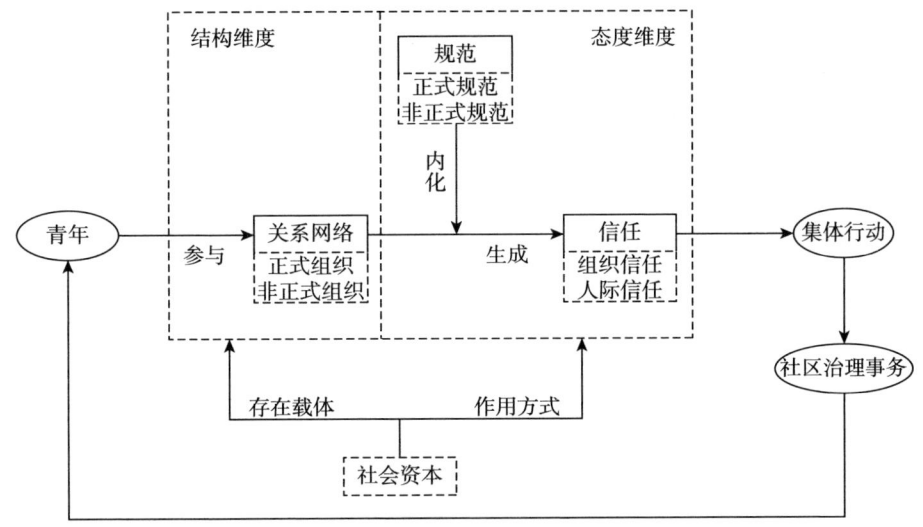

图2 社会资本理论视角下引导青年参与社区治理的过程模型

从该模型中可以看出社会资本在青年参与社区治理过程中发挥作用的机制。关系网络为青年提供了参与社区治理的渠道,青年借助社区内正式组织和非正式组织的渠道参与社区治理。这些正式组织和非正式组织也存在相应的规范,青年在互动中学习和内化这些规范,形成了与其他人的紧密联系,也提升了自己的参与能力,积极的互动也会由此增多。随着青年在社区中与其他人的互动日益密切,相互的信任关系也慢慢建立起来,从而可以相互合作,对社区存在的问题采用集体行动去解决。在解决问题和参与社区治理事务中,青年会接触到更多的社区居民、社区组织,将拓展他们在社区中的关系网络，从而形成良性循环。

在对过程模型及作用机制进行分析的基础上，可以提出相应的引导青年参与社区治理的策略。在参与策略上，应该探索建立社区治理平台，让社区内的正式组织和非正式组织以更开放的形式聚集到社区治理平台上。社区治理平台的建立有利于加强青年与社区中正式组织和非正式组织的联系，青年在参与平台互动的过程中会逐渐形成相应的青年自组织，从而丰富青年的关系网络资源，实现持续的参与。

在规范内化策略上，需要进一步探索和完善社区治理机制。在正式机制方面出台青年政策，为青年参与社区治理提供制度上的保障，将已有的青年参与社区治理模式通过制度的形式加以完善保障。青年可以在参与志愿服务的过程中将互惠规范内化，成长为具备公共意识和志愿精神的良好公民。

在信任生成策略上，信任作为让青年参与社区治理的直接作用因素，具有特殊的意义。因此，加强社区内的青年组织信任需要社区内的正式组织转变意识和观念，由"能让青年做什么"转换为"能为青年做什么"，在服务青年中收获青年的认可和信任，并激发其参与社区治理的热情。人际信任的培养最直接的方式就是开展各类集体活动，正如帕特南所说的培养信任最好的方式就是"让他们去做喜欢的事，形成一个共同目标并为之努力"。青年在互动和接触中熟悉彼此，才能逐渐培养起相互之间的信任。

参考文献

方亚琴，2019，《社区、居住空间与社会资本》，北京：中国社会科学出版社。
方亚琴、夏建中，2019，《社区治理中的社会资本培育》，《中国社会科学》第 7 期。
弗朗西斯·福山，2003，《社会资本、公民社会与发展》，曹义编译，《马克思主义与现实》第 2 期。
黄晓东，2009，《社会资本视域下的政府治理问题研究》，博士学位论文，吉林大学。
李六，2010，《社会资本：形成机制与作用机制研究》，博士学位论文，复旦大学。
罗伯特·帕特南，2011，《独自打保龄——美国社区的衰落与复兴》，刘波等译，北京：北京大学出版社。
罗伯特·帕特南，2001，《使民主运转起来》，王列、赖海榕译，南昌：江西人民出版社。
马克·格兰诺维特，2019，《社会与经济——信任、权力与制度》，罗家德、王水雄译，北京：中信出版集团。

夏晓丽、蔡伟红，2017，《城市社区治理中公民参与能力建设的调查与思考——基于 L 市社区的问卷调查》，《中南大学学报》（社会科学版）第 1 期。
詹姆斯·科尔曼，2008，《社会理论的基础》，邓方译，北京：社会科学文献出版社。
周红云主编，2011，《社会资本与民主》，北京：社会科学文献出版社。
Ostrom, E. & Ahn, T. K. 2008. "The Meaning of Social Capital and Its Link to Collective Action." *Handbook of Social Capital: The Troika of Sociology, Political Science and Economics*: 17 – 35.
Park, C. M. & Shin, D. C. 2005. "Social Capital and Democratic Citizenship: The Case of South Korea." *Japanese Journal of Political Science* 6（1）: 63 – 85.

【社会工作理论研究】

超越利他与利己之争：涂尔干的人性两重性与社会工作实践伦理[*]

莫佳妮[**]

摘 要 社会工作伦理要求坚守利他主义，社会工作实践被认为是利他主义的行动，故在社会工作理论中漂浮着一幅理想化的图景。但事实上，利他主义只有存在于某种社会行为系统之内，并与利己主义相互对照才具有实质性意义。涂尔干对利他主义的论述，为社会工作实践伦理的社会性意涵提供了重要启示。在其"人性的两重性"的讨论之中，社会工作的利他主义实践伦理得以揭示。一是利己主义并不构成社会工作利他实践的障碍；二是作为社会工作实践主体的"我"动态地处在"两重性"的关系中，从而引发出多重利他对象，并产生复杂的行动结果。对于社会工作实践伦理的重构而言，必须区分实践中的利他主义与道德观念中的利他主义，关注社会工作助人"关系性"中的内在辩证性。

关键词 社会工作 人性两重性 利他主义 实践 关系

---

[*] 论文初稿曾在第十届社会理论工作坊"云端专题 25 社会工作与社会福祉"上宣读，并得到了李英飞、曾一璇等老师的指正，特此感谢，文责自负。

[**] 莫佳妮，上海大学社会学院博士研究生，主要研究方向为残障社会工作、精神健康社会工作理论与实务。

一 引言

在社会工作领域，特别是在极度刺激了当时社会工作者心灵的《弗雷克斯纳报告》中，"利他性"就已被认为是社会工作的专业特质之一（Flexner，1915）。在历经百年的发展后，利他主义已成为社会工作专业本质的重要体现。几乎一致的见解有：社会工作最深刻的本质特征是利他主义的社会互动（王思斌，2000：4）；自我心理学视角下的社会工作含有利他主义的应对机制（童敏，2019：27）；利他性质的专业"援助"（helping），即增进福祉的专业助人，构成了社会工作的专业特质（杨锃，2020）。社会工作在缘起之初就与"利他""明爱"等价值密切相关（卫小将，2020）。可见，无论是慈善救济时代隐含着宗教使命的终极关怀，还是在社会工作专业化阶段的人道主义关怀，社会工作在助人的过程中都包含对受助者持有利他主义趋向的一个基本共识。然而，社会工作学界一直未对社会工作和利他主义展开系统讨论，也很少把利他主义当作一个主题（韦克菲尔德，2012）。

导致这一情形，或因"社会工作是一种社会'实践'"（伯格，2014：5）。作为一门实践性学科，社会工作的研究目的并非只是建构理论，更是为了实践而研究（古学斌，2017）。因此，有学者认为，我们在社会工作领域谈论"利他主义"时，不仅仅是在谈论一种观念，更要将观念付诸实践（Reamer，2009：57）。然而，从某种意义上说，无论我们是否意识到，现代社会工作领域对利他主义的理解是抽象的伦理解决方案。[①] 抽象的利他主义无法告诉我们应该在什么场合应用，以及具体应该如何应用。确切地说，抽象的利他主义无法确定一种具体的行动。当抽象的利他主义被强化后，

---

① 美国社会工作者协会（National Association of Social Workers，NASW）在1996年制定的社会工作伦理准则，被视为国际社会工作的行为准则（童敏，2019：1）。其中指出："社会工作者伦理原则基于社会工作的核心价值——服务、社会正义、个人的尊严与价值、人际关系的重要性、诚实正直和能力。"（National Association of Social Workers，1996：1-2）。正如 Levy（1973）所说"社会工作的基本架构就是由一套价值观所组成"。由于是助人的专业，社会工作对于价值体系的敏感较其他专业更强（简春安、赵善如，2008：69）。尽管伦理价值方面的主题一直受到实务及研究工作者的注意，文献通常会引用社会工作的伦理价值观，再简略说明其与实务的关系，但却少有对社会工作伦理价值的本质做深入分析的研究，同时，也较少研究实践中价值观的运用问题。社会工作者被要求坚守其职业伦理，但很少涉及具体的实践与运用；社会工作者似乎只是凭直觉固守专业价值，但尚未严肃地将社会工作价值视为专业的重要支柱（Vigilante，1974）。

这给社会工作者的行动带来一种理所应当的"自动化反应"。这一反应想要在实践中满足利他主义衍生出的包罗万象的要求，其困难显而易见。那么，如何在实践中理解利他主义？这一概念在实践层面又如何呈现？本文将上述问题置于涂尔干的社会理论中进行考察。

涂尔干之所以重要，正是由于他所构筑的利他主义观对社会工作实践有着实质性的启发意义。《社会分工论》的核心问题是，"为什么个人变得越自主，他就会越依赖社会"。涂尔干对这一问题的思考，被进一步明确为"个人人格和社会团结之间的关系"（涂尔干，2020a：9）。涂尔干对利他主义的思考，贯穿在其不断考察个人人格与社会团结之间的复杂互动与协调，在这一层意义上，"社会工作的学科基础关心的是个人与社会之间互动过程中产生的社会问题"（Younghusband，1964：39），与涂尔干关心的利他主义之间有着密切的关系。同样，无论是个体在行动中践行利他主义还是以利他主义为驱动的社会工作实践，都蕴含着一种道德的意味。相较于形而上学的利他主义论述，涂尔干更强调一种"道德实践"视角："道德思辨很难把所有的实践特征都去除掉，因为道德规范的作用在于指引行动，因此对道德规范的思辨就不能对行动漠不关心。"（涂尔干，2020b：422～423）涂尔干对道德实践性的强调与社会工作专业在本质上就是一种道德实践（Whan，1986；朱志强，2000；Bisman，2004）的观点相契合。鉴于上述两个层面，涂尔干对利他主义的讨论，对理解社会工作的利他主义实践有着重要的启发意义。

二 涂尔干的人性论与"利他主义"观

早在涂尔干之前的 19 世纪中叶，奥古斯特·孔德已把作为自私（selfishness）反义词的利他主义首次带入社会科学，并在 1853 年被《牛津英语词典》收录（Hardin，1993：225）。在孔德经常重申的观点中，利他主义通常是指考虑他人，并关注他人福祉的行动。在他看来，个人有两种不同的动机，即利己主义和利他主义，尽管大多数行为涉及自我服务的利己主义动机，但帮助他人的无私愿望同样蕴含在人类行为的动机中（Pessi，2017）。涂尔干在《社会分工论》中批判性地继承了类似的观点。

具体而言，孔德在论述中引入"团结"是为了把同情、利他主义和劳动分工联系起来使用，以此来指称社会联合的最基本事实（Paoletti，2014：

257)。孔德关于团结的论述直接或间接地启发了涂尔干。① "劳动分工即使不是社会团结的唯一根源，也至少是主要根源，孔德就持这样的观点。"（涂尔干，2020a：103）在涂尔干看来，孔德第一次提出了劳动分工并不是纯粹经济现象的命题，启发了其思考，正因为分工需要一种秩序，和谐以及社会团结，所以分工必然具有一种道德属性（涂尔干，2020a：103~104）。在社会分工具有一种道德属性的意义上，涂尔干认可孔德的观点，即同情、利他主义和劳动分工是团结的要素，但涂尔干在此基础上对"团结"概念有进一步拓展。"尽管孔德认为分工是团结的根源，但他似乎没有看到这种团结不仅是固有的，而且会逐渐代替社会相似性所带来的团结。"（涂尔干，2020a：434）在涂尔干看来，"来源于两个意象的相似性，称作黏合（agglutination），只是因为两个意象在整体或部分上相互类似，能够紧密地联结在一起，完全融为一体"，然而，在劳动分工的条件下，情况却恰恰相反，"它们之所以能够结合在一起，是因为它们相互独立，相互有别，它们的感受是不同的，因而来源于这种感受的社会关系也不尽相同"。因此涂尔干认为，孔德没有认识到以同情、利他主义为基础的相似性团结与劳动分工条件下的团结是对立的。进一步而言，涂尔干一方面认可孔德意义上，由同情、利他主义和劳动分工组成的团结要素，另一方面却不同意"以同情心为基础产生的相似性所带来的团结"（涂尔干，2020a：102~103）。那么为什么在大部分认同孔德的团结因素时，涂尔干却又不完全接受由这些因素带来的社会"团结"？

事实上，在涂尔干看来，在以相似性为基础的集体中，个人的意识被集体意识所覆盖，并不存在现代社会的个人主义所讲的个人人格（李英飞，2013）。因此，在涂尔干为现代社会"团结"所设立的多个复杂标准中，至少包括一种对个人人格不断获得自由状态的认同。他在考察个体自杀类型时，进一步拓展了这一观点。② 在《自杀论》中涂尔干对利他主义和利己主义提出一个明确的定义，认为"既然我们把按个人的生活而生活并且只服从于自己的自我感觉状态称为利己主义，那么利他主义这个词恰好表示相反的状态：自我不属于自己，或者和自身以外的其他人融合在一起，或者他的行为的集中点在他自身之外，即他是在其组成部分的一个群体中"（涂尔干，2020c：

---

① 涂尔干在《社会分工论》中并未将"团结"视为一种定律或者普世的法则，等待人们去发现和描述。相反，团结是一种需要被解释的具体事实。在这一点上，对孔德之团结概念的讨论就不可避免了。

② 涂尔干的自杀类型学是他继《社会分工论》之后对个体与社会关系问题的进一步思考和推进（赵立玮，2014）。

236）。尽管涂尔干考察的是个体的自杀现象，但本质是对社会进行病理学的诊断（Lukes，1969）。一种高水平的社会整合，会导向一类极端，要求消除个性化，要求个人为了社会的生存而牺牲生命，带来社会中个人的利他型自杀；反之，如果个人和社会分开，过度个人化，社会整合不足又会带来利己型自杀。高水平社会整合下人类表现出的一致性，在涂尔干看来是一种社会病态现象。可见，涂尔干担心孔德描述的那种基于同情的利他主义所带来的相似性团结。与此相反，涂尔干认为，在劳动分工的条件下，个体显现出多样性，开始萌发自由的思想观念时，这种自由也会像其他自由那样显得必要而又神圣，任何时候，我们都必须尊重人的人格（杨锃，2019）。正因如此，在法国社会对德雷福斯事件（Dreyfus Affair）做出反应时，许多人认为法国比任何时候都需要团结。然而此时的涂尔干则更加坚定地站在保护个体人格的立场上。因为对涂尔干来说，团结并不是建立在同一性上，团结也不必与人的个性分离。然而，社会"团结"的产生离不开同情、利他主义，这是涂尔干认可孔德"团结"要素的地方。涂尔干在此对个人人格的珍视，难道是要暗示，在复杂的现代社会，团结的产生并不需要同情和利他主义？

对孔德来说，其社会学研究的主题是"人类从古至今的进步"，把人类进步视为研究对象，使孔德认为"人类的不断进化就在于人类本性的不断完善，而他所研究的问题就是发现这种进化的程序"（涂尔干，2020g：41）。因此，孔德对利他和利己动机的讨论，在于考察人类如何连续地、渐进地进步。而对涂尔干而言，我们无法理解这个意义上的人类，实际上这"完全是一种主观想象，人类的这种进步是不存在的"，相反，"存在的和唯一可以观察到的是各有其生、兴、亡过程的各自独立的社会"（涂尔干，2020g：41）。孔德看重利他主义动机的目的在于，利他主义把人们结合在一起，使得社会有机体一天比一天扩大，从而推进人类不断进步。涂尔干否认孔德所承认的存在一个人类渐进的必要法则（Jones，2014：219）。事实上，在对"社会"进行考察和解释时，他也否认了斯宾塞所持的社会进化观点。① 社会进化最终要奠定的基础是个体在追逐自我利益的过程中，能为社会带来富足的福利。其根本是由个体以一种功利的动机实现的自利协作（egoistic cooperation）和由劳

---

① 涂尔干否认存在一个连续不断的社会发展准则。涂尔干认为"所有这些单独的个体，由于各具有不同的特性，所以不能把它们作为同样的个体排列成一个连续不断的系列，尤其不能把它们排列成一个唯一的这种系列，因为社会的相继发展不是以几何直线的形式出现，而更像一棵向四面八方分枝的大树"（涂尔干，2020g：42）。

动分工实现的功能整合的组织社会（李英飞，2013）。涂尔干认为"按照斯宾塞的说法，所谓社会团结就成了个人利益之间自然达成的一致关系"（涂尔干，2020a：255）。然而个人利益之间达成的关系，在无法对个体行为进行规制的处境中，个体的逐利将陷入无情的竞争，从而导致社会的失序。因此，在《社会分工论》的第二版序言中，涂尔干写道："假使我们整天忙来忙去，除了考虑自己的利益之外没有其他规范可循，我们怎么会体会到利他主义、无私忘我以及自我牺牲的美德呢？"（涂尔干，2020a：13）可见，在涂尔干看来，斯宾塞的有机论对论证社会作为自然演化的一部分具有重要意义，但对解释道德秩序无实质助益（李英飞，2013）。这时，在面对个人人格和社会团结之间关系的时候，涂尔干认为利他主义的美德就显得尤为重要。

聚焦于涂尔干在对"个人人格和社会团结之关系"讨论的议题中，涂尔干对利他主义始终抱有一种模棱两可的态度。一方面，他并不支持孔德基于同情的利他主义所带来的相似性团结，这使得个人人格归于同一性；另一方面，他认为个体需要带回利他主义美德以对抗一种以自我为中心，驱动个体追逐私利的利己主义。对利他主义呈现"两面性"的模棱两可态度，在涂尔干介入德雷福斯事件，对个人主义本质的讨论中找到了确定性。他要面对的难题是，如何在社会"团结"中既能保有利他主义美德，而利他主义又不会影响个人人格的多样性状态？

涂尔干的论点在于：首先，他拒绝"狭隘的功利主义"和"斯宾塞及经济学家们功利的利己主义"给出的个人主义定义。他认为，这样的观点"往往把社会简化为生产和交换的庞大机器"。接下来，他提醒到还有一种个人主义"没有把个人利益当作人的行为目的"，即"康德和卢梭的个人主义，唯灵论者的个人主义，《人权宣言》形式的个人主义"，并且这些个人主义"已经成为我们道德教义的基础"。这些哲人的思想，"不同于私人的利益神圣化，也不同于对自我的自利主义式的膜拜"，他们让我们把关注点从"私人有关的"和"个性有关的"事物上移开，去与我们的同胞们"共同拥有一切"。正是在康德和卢梭二人都指出"道德行动暗含于普遍的人"这一观念的启发下，[①] 涂尔干个人主义的论述逐渐走向道德个人主义的核心

---

① 尽管"卢梭和康德不想从社会出发推出他们的个人主义道德"，因此他们都没有认识到"个人是社会的产物，个人主义本身也是一种社会的产物"（涂尔干，2020f：567），但涂尔干还是认可了他们对个人主义分析的重要意义。"在《个人主义与知识分子》一文中，涂尔干的个人主义指的是康德和卢梭尊崇的个人主义。"（孙飞宇，2018）

观点,"有关人的定义似乎是可以区分善恶的试金石,在这个词的仪式意义上,人格被认为是神圣的"。人成为人的神,"个人受到了最严格的保护,不管外界的侵蚀源于何处,个人都不会受到它的影响"。对人性具有明显宗教特征的这一观点,"其理性的表现形式即道德个人主义",这种人性宗教的"信仰"不针对具体的人,而是"普遍的个体"。如此,个人的尊严源于"更高的、与所有人共享的源泉中",而非源于"一种使个人与他人区分开来专门特性的道德利己主义";如此,"个人主义并不是对自我的赞美,而是对普遍个人的赞美。它的动力不是利己主义,而是对具有人性的一切事物的同情,对一切苦难的同情,对一切人类痛苦的怜悯、抗拒和减轻痛苦的强烈欲望,对正义的迫切渴望"(涂尔干,2020f:555~561)。

至此,涂尔干把个人主义与利己主义加以区分,当个人主义不再与功利的利己主义、道德的利己主义相混淆时,利他主义则成为涂尔干道德个人主义的显著特征,与此同时对利他主义模棱两可的地方也将自动消失。然而,随之而来的问题是"个人主义必然产生于个人的,因而也是利己主义的情感"(涂尔干,2020f:567)。尽管在道德个人主义中,剥离了功利的利己主义、道德的利己主义,但个人主义的核心依然呈现一种利己主义的底色。涂尔干对此进行了更深一步的探索。

的确,"涂尔干的个人主义一定是道德个人主义,这种道德状态是关于人性的宗教论,这一人性宗教论不是一种妄想,而是一种社会哲学上切实的结论"(孙飞宇,2018)。人性宗教论意味着人性具有普遍道德的观念,是适用于全体人的。因此,人性如果只从利他主义出发,既带来团结,也带来排斥;只从利己主义出发,既带来自由,也带来限制。二者都将进入两难的困境,而不具有普遍性。这两难的困境是由利他主义和利己主义分属两个不同的人性理论而带来的。为此,涂尔干向我们展示出"人性的两重性"(Homo Duplex)这一具有超越性的路径。"它的基础,并不是一切实在所依赖的两个形而上学原则,而是我们体内的两种截然相反的能力,我们既具有作为个体的思考能力,又具有普遍的和非个人的思考能力。"(涂尔干,2020d:696)

在涂尔干(2020a:249)看来,"达尔文的假设把道德生活的主要因素抹杀掉了",即达尔文的假设抹杀掉的道德因素正是利他主义。正如达尔文所言"只要有一个关于利他行为的可行记录,就可以摧毁整套进化论"(Darwin,1964:189)。尽管涂尔干并无意全盘否定生物进化论,但他认为把生物学意义上的假设上升到人类生活原则的高度是一种很大的偏见。因此，当追随达尔文进化论的斯宾塞提出社会进化的观点时，他认为其在"物竞天择的名义下，为原始人描述的悲凉图景，简直荒唐到了极点"。与斯宾塞的社会进化观点不同，涂尔干感到，正是利他主义的存在才使得"成员间能不断调整和减弱生存斗争和生存选择所带来的野蛮影响"①。因此，他明确主张"无论何时何地，社会中都有利他主义的存在，因为社会是团结的"。进一步来说，涂尔干认为"利己主义是人性的出发点，而利他主义才是最近出现的现象，这种理论简直荒谬至极！""人类自呱呱落地之日起，就有了利他主义"（涂尔干，2020a：249~250）。利他主义并不是后天培养起来的，而是人类的天性使然，正是涂尔干所捍卫的立场。他从婴儿的行为上找到了利他主义存在的两种形式：一是婴儿对他人已经养成习惯的依恋，婴儿会执着地追求他所依恋的对象，一旦这种依恋的联结被打破，他会感到非常痛苦，当我们依恋外在事物时，就具有利他主义的倾向（涂尔干，2020e：225）；二是婴儿效仿眼前看到的东西，比如重复同样的语言、重复同样的姿势。当看到悲伤的人，刚刚学会站立的婴儿会模仿安慰的动作，同样婴儿也会通过模仿令人开心的举动而努力给他人带来快乐。婴儿把自己的存在加入他人的存在之中，也是一种利他主义的表现。在涂尔干看来，依恋和效仿都是婴儿关注自身以外的事物，并试图把自身与他人融合在一起的行为。

如果说利他主义和利己主义都是人类呱呱落地之时就拥有的天性，那么二者之间的关系应该做何理解？涂尔干在《人性的两重性及其社会条件》一文中说到，"我们的内在生命很不简单，具有一种类似于双重重心的东西。一方面，是我们的个性，特别是它所依赖的我们的身体；另一方面，是我们能够表达超出我们自身以外的东西的一切"（涂尔干，2020d：690）。这两方面在涂尔干看来是人性的两重性，一重是人类依赖自己身体的"感

---

① 涂尔干的这一点观点与彼得·克鲁泡特金在1902年出版的《互助论》一书中的观点有相似之处。在这本书中，克鲁泡特金观察到"凡是有大量动物的地方，就有互相帮助和支持的行为"（克鲁泡特金，1984：8~9）。他认定"在生物的生存竞争中，再也没有比利他主义更有力的武器了"（克鲁泡特金，1984：14）。作为达尔文进化论的支持者，克鲁泡特金认为，他所阐述的"互助为一个自然法则和进化的要素，是给达尔文主义弥补一个重大的空白"（克鲁泡特金，1984：12）。然而，克鲁泡特金以《互助论》为基础发展而来的无政府主义思想却是涂尔干坚决反对的。"这种无政府状态明显是一种病态现象，与社会的整个目标反向而行，社会之所以存在，就是要消除，至少是削弱人们之间的相互争斗。"（涂尔干，2020a：12）可见，涂尔干对利他主义的论述牢固地树立在社会"团结"的图式中。

官上的欲望必然是利己主义的"；还有一重追求的是"非个人的目标，所依恋的不是我们自身"，是"社会精心构造的道德规范"并且"道德的起点是无私的"（涂尔干，2020d：689）。如此说来，涂尔干的"人性的两重性"观点，使得我们的内在生命世界被分成两种意识状态：一种将欲望个人化，导致利己主义；另一种使人们超然于自身，导致利他主义（斯通斯，2020：110）。

现在我们进一步明确了涂尔干对利他主义的看法，与生物进化论假设人的天性是利己的观点不同，涂尔干认为人性是有两重性的，在我们的内在生命世界中，既有利己主义也有利他主义。这两种内在的意识状态"不仅起源不同、属性不同，而且两者之间也存在着真正意义上的对立，它们相互矛盾、相互否定"（涂尔干，2020d：690）。利他和利己是两种对立的状态，涂尔干并不否认，但是他所要强调的是二者的存在是相互的，既相互矛盾、相互否定，又可以相互转化。① 因此，不应该将利他与利己割裂开来，而应该把它们看作外在于个人目标的观念与内在于个人目标的观念。而外在和内在的差别，就不存在任何绝对的东西（涂尔干，2020e：225）。正如"惊喜"是一件可依恋的事，然而它并不能自给自足，自己给自己惊喜是一件很难的事。这时，你就需要依恋他人给予你惊喜，当这个依恋存在时，你会做出利于他人的行动以获得惊喜。但获得惊喜本身是来自个人内在的目标。因此，当你依恋他人给予你惊喜的时候，就是依恋自己的一个组成部分。这样我们便有了"嵌入利他主义中的利己主义，反过来说，也有嵌入利己主义之中的利他主义"（涂尔干，2020e：226）。

涂尔干并未把二者的论述停留在此，他继续从行动者意图的方面对其进行了仔细的区分。他认为二者的相互性在于遵循不同的行动方向。如果它是"我"字当先的利己行动，没有超出主体范围，是向心的；而当它是

---

① 与涂尔干同时代的西美尔对利己主义 - 利他主义具有相互性的理解贯穿于其著作的始终。在《货币哲学》第一章论述客观价值的心理事实时，西美尔认为"主体和客体两个范畴在实践生活和科学世界中有着被公认的分野，但它们的区别并不像我们所相信的那样大"，因而"价值绝不是客体的性质，而仅仅是保留在主体内的对客体的一种判断"。"在一个统一体中主体和客体范畴得以发展并彼此相关联，并以主观性呈现"，这就宣称了，"所有的行为在本质上都是以自我为中心，然而，利己主义只有处于某种行为系统中，以及和与它相关的利他主义相对照时才具有意义"（西美尔，2002：7）。西美尔去世后刊发的《自由和个体》明确提出"量的个体主义"和"质的个体主义"。这篇文章的另一个版本《十八、十九世纪生命视角下的个体与社会》收录在《西美尔的社会学》一书中。两个版本并无根本变化，西美尔在后一版本新增的内容中明确交代了自己对个体和社会的讨论与流行的利己主义 - 利他主义二分法并不相同：利己与利他的区分具有相对性，对一方来说是利己的，对一方则是利他的（潘利侠，2020）。

利他主义的时候，就会从主体向外流溢，是离心的（涂尔干，2020e：224）。可见，当进行利己行动的时候，是为了达到内在的目标而进行向心的运动；当利他行为出现的时候，探索外在于个人的目标，则是一种离心运动。正因为二者的相互性，"绝对的利己主义和绝对的利他主义，在现实中永远不可能达到，我们只能不确定地接近这两种状态，却永远不能完全实现它们"（涂尔干，2020d：691）。按照涂尔干的说法，我们现在已很难看到利己和利他之间有着泾渭分明的界限。涂尔干从人性论的角度厘清了利己与利他之间的内在关系。

尽管孔德把利他主义带进了社会科学，但把利他主义作为一种美德在涂尔干的笔下得到了认真对待。在经济功能占据了社会主导地位的世俗时代，人在很大程度上会被鼓励从获取私利的角度出发，以自己的经济利益为驱动来应对与他人的相遇。与此同时，宗教神权的相继退位，使人的精神生活和伦理价值产生缺位，人与人之间的分化日趋严重。社会团结的根基正受到前所未有的冲击。涂尔干的首要工作就是从一切既存的现实中寻求规范，他以"道德性"介入研究的社会现象，以人与人的道德关联作为讨论的基本前提（渠敬东，2017）。因此，"根据实证科学方法来考察道德生活事实"成为他学术思考的一条脉络（涂尔干，2020a：3）。进一步来说，"和道德生活这一方面有关的根源，乃是我们称为利他主义和无私的各种倾向的总和"（涂尔干，2020e：217）。利他主义既是道德生活的根源，也是涂尔干道德个人主义的核心内涵。在现代社会面对"复杂团结"的需要时，如果把关系双方联系在一起的并不是相似性，而是一种他异性（otherness），这就使价值判断不能建立在"我"和"他"、"我们"和"他人"的简单区分上，而是要以道德原则为基础帮助人们构想甚至是达成这种"团结"的复杂性。换言之，"在尊重个体人格有彼此差异的前提下建立的道德社会，在这样的社会中，利他主义将会表现得更加明显"（李猛，2012）。

利他主义美德是涂尔干道德个人主义的集中表现。在这个意义上，涂尔干为我们描述出一种普遍人性论的方法——"人性的两重性"，让我们看到"我"和"他"之间的一种关系，这种关系的双方既是团结的，也是冲突的。正因为涂尔干对"社会"的坚守，当冲突发生时，我们不是要选择其中的一方，而是要让二者并存。"我"和"他"作为个体总是社会性的，个体的存在无法独立于社会，人们只有向自身之外的他人和社会做出牺牲，才能求得共同的生活。正因如此，涂尔干认为"利他主义注定不会成为我们社会生活的一种装饰,相反,它恰恰是社会生活的根本基础"(涂尔干,2020a:281)。在把利他主义视为人们向自身之外行动的道德美德这一维度上,社会工作利他主义的本质意义已得到彰显。社会工作长期以来一直为那些在人与社会互动过程中产生的社会问题服务。比如,司法社会工作、精神健康社会工作、学校社会工作等。社会工作处理的就是"人在情境中"的问题,面对人们如何处理生命中的重要事件,如结婚、生育、成长、工作、生病、死亡等议题时,社会工作的独到之处在于它有能力评估个体的需求与应付问题的能力;有技巧培养个体的内在优势与赋能;有途径充分利用周围环境来帮助解决问题。简言之,社会工作总是关心人与社会环境之间的协调。在提供服务的过程中,社会工作者很难经历所有服务对象遭受过的困境,这也几乎是不可能的。因而想要通过我们对有相似性的人所产生的同情来实现利他主义(孔德意义上的),在社会工作者的实务经验中并不具备普遍性。恰恰相反,社会工作者总是面对一个个相互独立,植根于不同价值观,有着不同情感经历与感受的个体,因而,当社会工作者在个人与社会之间来回穿梭,建立起某种"团结"时,涂尔干意义上的利他主义显得尤为重要。

三 "人性的两重性"视角下的社会工作

在涂尔干看来,人性中利己主义与利他主义是相互嵌入的。"利他主义是无私地关心他人福利的伦理原则,以奉献为特征而不求索取,但这并不是说社会工作者没有自己的利益,职业的社会工作者都将通过向受助者提供服务而获得一定质量的报酬。"(王思斌,2000:5)当然现实的情况可能更多是社会工作者由于相信利他的使命而在劳资争议中处于弱势(Reamer,2009:185)。尽管在利他主义与利己主义之间相互对立的同时却又相互渗透,但是对于先后顺序的选择,则会带来不同的论断。如果把商业的经营者看作为了利己而利他的话,那么社会工作者则是由于利他才利己(王思斌,2000:5)。在利他主义与利己主义相互嵌入的关系中,对于社会工作而言最重要的区分是,社会工作者总是先利他,并且始终都保持利他的态度。因此,社会工作谈"助人自助",援助他人以达到他人"帮助自己"的过程,也就是说,作为一名社会工作者,援助他人的利他实践始终是第一位的。

同样，在助人的行动中，利己主义动机是可以与利他主义动机并存的（韦克菲尔德，2012）。除了有获得报酬的利己动机外，有的社会工作者也会有获得与荣誉相关的利己动机。也许还有一种利己动机的形式是非常丰富的，即帮助他人、为他人着想是为了达至自我的成就或者实现自我，从而完成对自我的救赎。在社会工作专业刚建立时，"助人自助"的慈善使命来自《圣经》"God helps people who help themselves"（陈涛，2011）。如果从利他－利己的两重性来看，也许在利他驱动的"助人"行动之后，除了达到他人对自己帮助的目的外，还有另一层讨论的空间：助人者追求的是否为自我实现与救赎意义上的"自助"？在理解"人性的两重性"具有超越性的基础上，"助人自助"也可以是一种帮助别人就像帮助自己一样的表述。① 正如凯博文（Arthur Kleinman）在《照护》一书中写到的，"在那种令人沮丧却又助人成长的工作中，我终究是找到了自己的灵魂"，在凯博文看来，"可以称其为灵魂的正是一种道德情感牵扯下对'自我'的孕育"（凯博文，2020：257～258）。在长期照护患病妻子的过程中他完成了对自我的重塑。这种自我重塑之所以可能，恰恰是在通过"照顾彼者"的过程中，照顾者同时又在"照看自己"。② 在这个意义上，帮助并照护妻子的过程就是凯博文自我实现的过程。

研究人之同情行为的社会学家罗伯特·伍斯诺（Robert Wuthnow）也持这一观点。他在了解一些志愿者因付出过多而伤害了自己的观点后，建议向穷人提供有益的服务，并从中得到自我实现价值的诀窍，就是允许我们

---

① 社会工作是引进、移植到中国的，其定义源自基督教传统、希腊传统，立足于西方的个人主义世界观与价值观（何雪松，2017）。在此脉络下谈利他主义，会被激励出一套与个人道德价值有关的叙事，人们在奉献自己的过程中获得了"进入天堂"的机会，这是一种非凡且神圣的价值感。然而，大多数身在中国的社会工作者却很难讲述出一个"与上帝约定"的救赎故事。对于中国人来说，"叠合着多种格局的人际关系体系，规定着社会生活中的每个人，也为每个人赋予了社会生命"（渠敬东，2019）。如果说在西方的语境下是个人与个人的关系抑或是个人与上帝的关系，那么在中国则是个人与"推己及人"而形成的人伦秩序之间的关系，这样个体只有通过归属于关系中的具体而微的活动才能得到实现。在关系构成"人"这一理解上，对"关系"负责使我们与个人主义传统下的道德价值区别开来。如此看来，怎么理解"关系"与社会工作的互动则成为一个重要的话题。
② 凯博文作为照顾者的自我民族志或可加以福柯自我技术视角下的理解。福柯认为，古希腊社会不仅强调"认识自我"，在认识自我之前，更为重要的是"关注自我"（福柯，2016：171）。凯博文通过照顾妻子而进行的自我民族志的书写，恰恰具象化了这一点。同时，值得强调的是，照顾关系并非照顾他者，是一种典型的"我－你"关系，因此借用精神分析学界的译法，更准确的应是"照顾彼者"。

发展在展示同情的同时，关心自己需求的技巧。正因此，其所著《同情的行为》（*Acts of Compassion*），副标题却是"关心他人与帮助我们自己"（蒂利，2021：57~58）。

然而，在我们的日常生活中，一个奉献者、利他者，无论是宗教性的慈善救济，还是专业的人道主义援助，似乎都表现得没有任何需求，不追求任何利益。相反，他总是奉献时间、金钱、精力，而受惠者总是需要帮助穷人、病人和受困的人。不过对于以助人为专业追求的社会工作者来说，以上的描述不见得是真实情形，但当社会工作者全身心投入奉献中时，或多或少会把人的多样性与复杂性化约为一种简单的观点，他人只需要获得，而不需要付出。这样一来，助人的行动多少有点刻板，并指向一种纯粹的利他主义态度。

20世纪60年代，群体遗传学家乔治·普莱斯（George R. Price）发现了可以解释利他主义进化的协方差和亲缘选择方程，也称为"普莱斯方程"（Price Equation）。在发现了方程之后，他重新审视自己"自私的"生活方式。为修正人生道路，走向利他主义的极端，他倾其所有，帮助他人，四处寻找无家可归的流浪汉。给钱，给到自己身无分文；给衣服，给到自己衣不遮体。甚至当他们提出需要休息时，他会邀请他们去自己的住所。随着给予的越来越多，他逐渐变得和自己试图帮助的人一样贫穷与衰弱。在离世前的半年，他开始"承认自己内心最深处的自私的欲望"，最终在给爱人琼信件的结尾，普莱斯写到，"上帝会帮助自助的人"（哈曼，2020：403~404）。

一个纯粹利他主义者的故事告诉我们，"纯粹的无私奉献有可能会带来更多的绝望，在他试图帮助过的所有流浪汉中，没有一个最终戒了酒，没有一个人回到家人身边，也没有一个人改变了生活方式，他的方程解释了生物学意义上利他主义在什么情况下通过牺牲个人利益、造福社群而被自然选中"（哈曼，2020：427），但在其生活中，他始终无法达成利他与利己之间的平衡。

涂尔干的"人性的两重性"消解了人性中利他主义和利己主义的长久对立，承认二者之间是互为前提、互相转化的。在这一层意义上，涂尔干对"助人自助"的实践注入了更具社会生命力的含义。简言之，如果我们不把利他主义与利己主义对立起来看的话，社会工作可以被描述为一个先从利他实践开始而达至一种或多种利己状态的助人实践。

在"人性的两重性"视角下，助人行动中受助者与社会工作者之间助人关系的界限被打破。鉴于涂尔干对利他与利己之间的互动做了进一步的讨论，进一步考察这一部分，将有助于理解在实践中由利他主义带来的相互性助人关系是如何成立的。在涂尔干看来，"当是利他主义的时候，主体向外流溢，吸引该主体的中心在主体之外，它是离心的"（涂尔干，2020e：224），这段表述让我们看到利他主义的状态是一种离心运动的变化形式。将其放到助人的关系中，社会工作者的利他主义实践则是通过其主体向外的离心运动，不断吸引着受助者主体中心的过程，此时，二者的主体性是并存的关系。这给予我们的启发是：利他主义的助人行动并不是以一方为单一的中心，而是在二者互为主体中心的情态下，社会工作者将自身之中心离散出去的行动力量。

然而，在实践中，社会工作者常常忽视了与受助者之间并存的关系。这可能会带来两种对社会工作者而言不太友好的看法。一是社会工作者只看到其主体中心的位置，使其过于追求通过自己的力量来改变受助者的境况，而淡化了受助者的主体能动性，有时这样的做法会被批评为社会工作者带有一定的"专家性"；二是社会工作者只看到了受助者的主体中心，而忽视了自己也是助人关系中真实的个体。有时，为了他人的存在而牺牲自身，会近乎卑微。社会工作者也一样，为了达至利他主义，而将自我"自然状态"的一面隐藏起来，而丢失了"本真性"。在只看到受助者主体中心的时候，社会工作者对自我"本真性"的迟疑，甚至犹豫畏缩的态度，会让社会工作者趋向于小心翼翼地做一个慷慨的赠予者。涂尔干对"人性的两重性"的阐释，让我们看到，社会工作的利他主义属性并不是要强迫我们损害自身人格尊严，为他人着想并不意味着失去自己。为了成就利他主义而利他，可能会让社会工作者在助人中迷失自我。尽管社会工作者表现出的"本真性"，与"我"的立场有一定关系，但这并不是一种利己主义。这种"本真性"至少包括一种在涂尔干看来是人性中普遍存在的对苦难的共情，对痛苦的怜悯、抗拒，对减轻痛苦的强烈欲望，以及对正义的迫切渴望。"本真性"是一种自然的、普遍的人性回归，匿名地支配着每个人。与"本真性"普遍意义类似，在阐述人之为人的"本心"时，孟子就提出了"恻隐之心，仁之端也"，"恻隐之心，人皆有之"。人们之所以能行义举仁事，并不是为了荣誉或为了得到实惠，而是自己的本心要求这样去做，"恻隐之心"是人之为人的自然本性。前文中涂尔干也认为，对苦难的同情与怜悯是普遍个人所具有的本性。对于社会工作者来说，"本真性"应包含很多面向，至少共情、怜悯之心是与社会工作利他主义很接近的情感，我们需要仔细分辨。

四 "人在关系中"的利他主义实践

"人性的两重性"让我们看到了人性中利他与利己之间的相互转化是日常生活中的常态。在实践中理解的利他主义并不是一个"没有反对者"的绝对道德信念，相反，恰恰是在一部分利己动机的转化下，社会工作"助人自助"的目标才得以实现。那么有志于解决社会问题的社会工作，难道没有正视这一人性的复杂性吗？尽管实践中理解的利他主义是先从利他实践开始而达至一种或多种利己状态的助人过程，但利他主义在实践层面是如何呈现的，似乎还有模糊的地方。

利他主义并不是游离于社会之外的抽象人性，而是在具体情境中、事物的秩序中呈现自己的位置，我们要在具体的实践中去寻找利他主义的样貌。比如，在残障领域，心智障碍者的"性权利""亲密关系"一直是个饱受争议的话题，在面对心智障碍者的婚姻议题时，作为一名社会工作者会如何回应，并体现出他在践行利他主义？至少有以下几种观点：结婚对于心智障碍者来说是有利的，他有追求婚姻生活的权利；结婚对于心智障碍者来说是一种"错误生活"的选择，如果还要孕育下一代的话，就是"错上加错"；结婚不只是两个个体的事情，还关乎两个家庭的选择；结婚是非常敏感的话题，应尽量避而不谈。在实践中，社会工作者的回应也许不是单一的，而是几种答案的组合，但在做出回应的过程中，社会工作者都将经过一番道德层面上的思考。这时社会工作者对利他主义的理解与践行已经放在了一个实践的情境中。当我们把心智障碍者视作当事人并充分尊重其权利时，社会工作者利他的对象是当事人；当我们认为这是家庭内部的事情时，利他的对象是家属、家庭；当我们认为是一种"错误生活"时，利他的对象是在"优生学"观念支配下的公共政策和社会福利体制；当我们尽量避而不谈时，利他的对象是担心因伦理抉择与行动而可能衍生出来的风险管理议题。由此看来，在实践中社会工作者将会面对多个"利他"向度的存在。一方面，这提醒我们，利他主义是社会工作实践过程中必须处理的现实问题，牵涉到日常生活的各个层面；另一方面，我们也看到，在表面的、抽象的、一致的利他主义掩盖之下存在另一个世界，其中既充斥着各方的固有观念、固守的利益,又隐含着多重冲突。①

一百多年前,简·亚当斯(Jane Addams)向我们描述了类似的场景。她在《民主与社会伦理》(Democracy and Social Ethics)一书中向我们讲述了早期社会工作者作为慈善访问者(charity visitor)身份的许多经历。她提到"一个陷入困境的可怜人,当他第一次请求援助时,本能地期望得到温柔、体贴和宽恕,他花了很长时间才下定决心迈出这一步,他有些伤痕累累地走来,得到的不是暖心和同情,而是立刻被调查和暗示他应该工作,这让他心寒"(Addams,1902:25-26)。尽管在这里,亚当斯是想提醒社会工作者没有对受助者表达足够的善意与尊重,但从利他主义的角度来说,暗示受助者找工作的做法与向受助者表达足够的尊重一样,都是基于受助者的情况而做出的利他考量。只是这两个"利他"背后的对象存在一些时序性的冲突。实际上,如果仅仅从道德观念的层面来看待利他主义,它并不能告诉社会工作者在实践中该如何持有一种利他主义。进一步而言,道德观念中抽象的利他主义无法具体地标定社会工作的实践。这时,社会工作者在面对多个"利他"利益之间存在相互博弈的时候,所开展的小组工作抑或个案工作,都会因为考虑到专业的整体结构而需要平衡众多的因素,也因此带来了某种态度。这种态度产生于社会工作者在秉持利他主义的伦理守则与实践的具体情境之间的矛盾与紧张。

在亚当斯看来,这是社会工作者在道德层面上表现出的"谨慎性"。她曾认为:"在慈善来访者的道德标准中一个最引人注目的不协调是:一个邻

---

① 在1996年NASW守则中,与利益冲突相关的伦理提到:"当社会工作者对彼此有关系的两个或两个以上的人提供服务时(例如配偶、家庭成员),社会工作者必须向所有的人澄清谁才是案主,并说明社会工作者对不同个人的专业职责本质。社会工作者在面对服务对象间的利益冲突时,必须向有关人员厘清他们的角色,并采取适当行动将任何利益冲突减到最低。"(National Association of Social Workers,1996:3)该守则建议社会工作者在预期可能潜在的利益冲突时,应划分各方的责任与义务。这条伦理对社会工作者有责任避免那些有碍他们行使专业判断的情境,有义务防止偏颇判断的发生具有警示作用。但当"利益冲突伦理"和"社会工作者要协同和代理弱势、受压迫个人、团体"之间存在两难时,抑或在"尊重个人与生俱来的尊严与价值"和"法律监护人权利"之间存在冲突时,社会工作者依然要面对伦理两难的困境。1996年NASW修订的伦理守则特色之一即明确指出有时候在社会工作的真实案例中,是会有守则的价值、原则及标准互相冲突的事例出现的。然而,守则并不提供任何解决冲突的公式,它也不指定哪些价值、原则、标准比较重要(Reamer,2009:71)。对此,伦理守则如此声明:"在价值、伦理原则和伦理标准互相冲突时,对该如何给这些冲突的价值、伦理原则和伦理标准列出优先顺序,社会工作者之间会存在合理的分歧意见。"(National Association of Social Workers,1996:1)

居对穷人所给予的是情感上的善意,这和一个慈善的来访者所给予的谨慎的关怀之间有着一目了然的差异。"(Addams,1902：8-19)社会工作者表现出的"谨慎性"与其在实践场合中面对的多个"利他"息息相关。进一步说,利他主义在实践中与各种情境掺杂在一起,使得社会工作者在形形色色的实践中经历了不被注意到的"道德实践"、"政治实践"和"技术实践"之间的张力。这些张力使得社会工作者在面对真实且复杂的情境时保持了"谨慎"。有意思的是,保持这股张力对实践中的社会工作者来说提供了一种延展性的探索。基于上述讨论,我们可以清楚地知道,想要满足利他主义衍生出的包罗万象的要求,在现实情境中是很困难的。当面对多个"利他"对象时,我们选择坚守某种立场,就像一个闯入受助者生活的人,略带示范地告诉他生活的叙述应该是什么样的。所有普罗大众,包括心智障碍人士、精神分裂症人士,在结婚后,都能过上幸福美满的生活,这只是一种叙述。当然还可以有多种不同的叙述。如果我们选择尊重多重叙述的存在,就应该尝试保持不同利他向度之间的张力。这样的做法看似是以牺牲"当事人"的权利为服务代价的,但我们需要明确的是,社会工作者有义务保护"当事人"的权利,但并不是"当事人"权利的代表。在这一层意义上,现代美国社会工作的困境为我们敲响了警钟。美国社会工作过度追求专业化和职业化的权力,导致其功能从援助当事人转向了对其实施控制,站到了作为"当事人"的服务对象的对立面(杨锃,2021)。[1] 20世纪60年代的英国,批判社会学视角被直接应用于社会工作后,对"当事人自决"(client self-determination)的尊重和承诺被视作一种假象,尤其当社会工作与官僚政治和管理主义控制紧紧绑在一起的时候,并没有给塑造"当事人"的身份留下多少空间(多米内利,2008：47)。如果社会工作者既不是"当事人"的权利代表,也无法做到"当事人自决",那到底应该如何应对?

涂尔干的"人性的两重性",使得利他与利己的对立转变成某种或多重关系中的相互对立与统一,并且让我们看到了"我-你"之间双主体并存的状态。这些都提醒我们,社会工作者的助人行动是在一个"关系性"的维度中展开的。在这一维度中,多重"利他"背后拉扯的力量使得社会工

---

[1] 以非虚构作品《乡下人的悲歌》为例,可了解到美国社会工作正深陷"失信"的边缘。从主人公J.D.万斯口中,我们看到的是接受服务的当事人对社会工作者的惧怕。在J.D.万斯看来,美国被制度化的社会工作者并没有真正为当事人着想,相反,是当事人实现愿望的"障碍"(杨锃,2021)。关于J.D.万斯对社会工作者的描述,详见J.D.万斯(2017：229~230)。

作者无法轻易地选择唯一的立场，不能妄做决断。在这种"谨慎性"的背后可能是专业的理论与技术的支持，也可能是在某种道德强制下放弃自我主张与自我价值的表现。更重要的是，允许张力存在而显现出的"谨慎性"，使得社会工作者不得不面对与受助者形成的"关系"，而非只是面对作为个体的受助者。面对"关系"中的受助者决定了社会工作者要与受助者协商和协作，一起完成助人这件事，确保助人的意义是与受助者共同建构的。正如何国良所言："关系为本的社会工作通过双方共同努力，一起探求改变处理事情的方法。"（何国良，2021）这一过程是"通过人格关系化的协商才能达成的"，去"建立真正人格化的支持关系"（杨锃，2021），才能在具体的"关系"中看到人，也才能让本应该就是受助者自我决定的属性得以保留和延续。

将涂尔干在道德实践中得出的利他主义引入社会工作实践中的必然结果是：一方面，社会工作者有机会在实践中审视利他与利己之间的相互矛盾并不构成实务过程中的障碍；另一方面，利他与利己之间的相互转化实则是动态地形成了一对又一对的"我-你"关系。那么在实践中，面对"人在情境中"的个体，把作为社会工作利他主体的"我"放在多个"两重性"的环境中来考虑，必然要面对"复数的你"。多个利他对象的存在把社会工作的利他主义实践指向一个"关系性"的对话空间中，这也正是涂尔干"人性的两重性"所抵达的认识。

五　结论与讨论

在涂尔干看来，道德哲学家抽象的道德观念不能与社会行动者的实践道德混为一谈，道德源泉不是在个人的超验能力中，而是在他们嵌入式的关系中（Gorski，2012：87）。在这一意义上，涂尔干所秉持的道德实践观，为社会工作如何践行利他主义提供了一种更具社会生命力的理解路径。尽管涂尔干的观点也无法解决社会工作实践中的所有困境，但至少为如何理解这些问题提供了有意义的视角。尤其是把抽象的道德观念赋予"实践性"的反思提醒着社会工作者，利他主义是一个实践层面的问题而不是规定性的抽象概念。这样的思考方式为社会工作在实践中与利他主义的对话打开了一个新局面。沿着涂尔干的思考路径，把对话根植于实践中，社会工作者在现实中可能会面对多个"利他"对象的存在，而又因为社会工作对个人、社会、正义做出的承诺，使得其在面对多个"利他"对象时，不得不面对多重向度之间的角力。从另一个角度来看，这样的张力让利他主义的实践目标成为一种虚构的表述。然而笔者认为正是这股张力使得社会工作者在实践中的道德行动受到了约束，而避免了利他主义观念中单向度的利他。当社会工作者不固定于单一立场的利他主义时，受助者的主体性才得以凸显出来。在互为主体的关系中进行协商与调整，会不会让受助者更能发展出自助的力量？

也许从一开始涂尔干就坚信"好"的社会要避免急功近利，也并非以牺牲个体的自主性而建立起社会秩序。因此，人们需要以利他主义的倾向为基础，不断调适与各类群体交往的方式，通过他们不同程度的情感依恋来成就自我（渠敬东，2017）。尽管涂尔干对"人性的两重性"做出了具有超越性的论断，但还是要强调，涂尔干并不是在为利己主义辩护，也非止于某种相对性的折中路径。自始至终，涂尔干真正的焦点是"利他主义是社会生活的根本基础，在现实生活中，我们怎能离得开利他主义呢？"（涂尔干，2020a：281）。他提醒我们，至少有一个功利型利己主义版本的力量是被低估的。如今，社会老龄化以及女性走入社会去工作，将进一步推动养老服务和育儿领域的社会化。而这两项照顾工作都包含着极为复杂的"我–你"关系，需要付出诚意与同情心，也很难以金钱衡量。不言而喻，要根据职业划分或分门别类地处理，有一部分是无法分工和支付时间工资的，而对此能加以弥补的就是服务者的"赠予"了。现在看来，人们选择利他主义的实践，既是一种古老的方式，也是一种在现代社会非经济、非市场逻辑的处置方式。

不止于此，涂尔干还提醒我们注意随着社会分工的进展，个人自主观念也将呈现多样性。一方面，我们要警惕个人自主观念的过度发展，有可能落入自我中心主义的陷阱；另一方面，人类的多样性将使我们在日常生活中与越来越多和"自我"相异的"他者"相遇。独立的个体在规模和本质上都具有多样性——一方面有国家、地区、城市、小区、家庭，另一方面又有职业、年龄、性别、身份。正如涂尔干所言，"社会需要一种限制作用来迫使人们超越自身，在其物质之上又加上了一种其他的本性，为的是进一步享受彼此的交往乐趣，与其他人共同感受生活"（涂尔干，2020a：26）。能够促成"我"与"他人"关系的本质，可能是爱，可能是同理，但对涂尔干来说，是一种敞开怀抱、奉献的、利他的道德实践。在这个意义上，涂尔干所捍卫的利他主义美德，为社会工作敞开一条道德实践的道路，也是秉承自身职业伦理的社会工作者能力可及的。这样的实践是被赋予道德性的（practical moral involvement），因为社会工作者必然介入受助者的福祉。为对方福祉的操心和努力，便体现了社会工作实践中的道德性（朱志强，2000）。如果社会工作的核心是对照顾社会中最需要帮助的人这一道德要求所做的回应，社会工作者对利他主义的践行，就不是一种选择，而是一种必然。因为社会工作者并不是也不甘为看客，他与眼前发生的社会情境产生关系，并且要介入事情的发展过程中。当今的世界关系正呈现多元、多极的复杂趋向，在社会的各个阶层，以及代际的关系也渐趋疏离的社会境况下，坚守利他主义的社会工作者一直是联结和修复个人、社区和系统之间团结的实践者。正如涂尔干所言，社会科学的目标主要在定义和解释方面，但像社会工作这样的职业，其关注目标则是关怀和改变（Bisman，2004）。

参考文献

埃米尔·涂尔干，2020a，《社会分工论》，载渠敬东编《涂尔干文集》（第1卷），北京：商务印书馆。

埃米尔·涂尔干，2020b，《遗稿：〈论道德〉导论》，载渠敬东编《涂尔干文集》（第2卷），北京：商务印书馆。

埃米尔·涂尔干，2020c，《自杀论》，载渠敬东编《涂尔干文集》（第3卷），北京：商务印书馆。

埃米尔·涂尔干，2020d，《人性的两重性及其社会条件》，载渠敬东编《涂尔干文集》（第4卷），北京：商务印书馆。

埃米尔·涂尔干，2020e，《道德教育》，载渠敬东编《涂尔干文集》（第6卷），北京：商务印书馆。

埃米尔·涂尔干，2020f，《个人主义与知识分子》，载渠敬东编《涂尔干文集》（第9卷），北京：商务印书馆。

埃米尔·涂尔干，2020g，《社会学方法的准则》，载渠敬东编《涂尔干文集》（第10卷），北京：商务印书馆。

奥伦·哈曼，2020，《一个利他主义者之死》，鲁冬旭译，北京：中信出版集团。

彼得·L. 伯格，2014，《与社会学同游：人文主义的视角》，何道宽译，北京：北京大学出版社。

查尔斯·蒂利，2021，《身份、边界与社会联系》，谢岳译，上海：上海人民出版社。

陈涛，2011，《社会工作专业使命的探讨》，《社会学研究》第 6 期。

古学斌，2017，《道德的重量：论行动研究与社会工作实践》，《中国农业大学学报》（社会科学版）第 3 期。

Jones, Susan S., 2014, "Rousseau as 'Precursor' of Sociology", 载高宣扬主编《欧洲评论·2014（春）》，北京：人民出版社。

何国良，2021，《"关系"：社会工作理论与实践的本质》，《社会建设》第 1 期。

何雪松，2017，《社会工作的理论追求及发展趋势》，《西北师大学报》（社会科学版）第 4 期。

简春安、赵善如，2008，《社会工作哲学与理论》，台北：巨流图书股份有限公司。

杰罗姆·韦克菲尔德，2012，《利他及人性：社会工作基础理论的建构》，吴同译，《江海学刊》第 4 期。

凯博文，2020，《照护》，姚灏译，北京：中信出版社。

克鲁泡特金，1984，《互助论》，李平沤译，北京：商务印书馆。

李猛，2012，《"社会"的构成：自然法与现代社会理论的基础》，《中国社会科学》第 10 期。

李英飞，2013，《涂尔干早期社会理论中的"社会"概念》，《社会》第 6 期。

丽娜·多米内利，2008，《社会工作社会学》，刘梦、焦开山、廖敏利、赵倩译，北京：中国人民大学出版社。

罗布·斯通斯主编，2020，《核心社会学思想家》，姚伟、李娜译，上海：上海人民出版社。

米歇尔·福柯，2016，《自我技术·福柯文选Ⅲ》，汪民安编，北京：北京大学出版社。

潘利侠，2020，《生命与伦理：齐美尔生命哲学基础上的个体法则》，《社会》第 2 期。

渠敬东，2017，《追寻神圣社会纪念 爱弥尔·涂尔干逝世一百周年》，《社会》第 6 期。

渠敬东，2019，《探寻中国人的社会生命——以〈金翼〉的社会学研究为例》，《中国社会科学》第 4 期。

Reamer, Frederic G., 2009，《社会工作价值与伦理》（第三版），包承恩、王永慈译，台北：洪叶文化事业有限公司。

孙飞宇，2018，《个体的自我保存与社会学的现代道德人格属性：〈自杀论〉中的双重结构》，《社会》第 6 期。

Paoletti, Giovanni, 2014, "Solidarity as a Social Relation: History of Durkheim's Project", 载高宣扬主编《欧洲评论·2014（春）》，北京：人民出版社。

童敏，2019，《社会工作理论——历史环境下社会服务实践者的声音和智慧》，北京：社会科学文献出版社。

J. D. 万斯，2017，《乡下人的悲歌》，刘晓同、庄逸抒译，南京：江苏凤凰文艺出版社。

王思斌，2000，《社会工作：利他主义的社会互动》，载何国良编《华人社会工作本质的初探》，香港：八方文化企业公司。

卫小将，2020，《社会工作理论的"三重性"及爱的实践艺术》，《社会科学》第6期。

西美尔，2002，《货币哲学》，陈戎女、耿开君、文聘元译，北京：华夏出版社。

杨锃，2019，《从"人格崇拜"到"自主自我"——社会的心理学化与心灵治理》，《社会学研究》第1期。

杨锃，2020，《存在主义社会工作的源流、框架及其展望：不确定时代的专业责任》，《社会工作与管理》第6期。

杨锃，2021，《社会工作的艺术性：论"当事者性"与"本真性"》，《社会建设》第1期。

赵立玮，2014，《自杀与现代人的境况——涂尔干的"自杀类型学"及其人性基础》，《社会》第6期。

朱志强，2000，《社会工作的本质：道德实践与政治实践》，载何国良编《华人社会社会工作本质的初探》，香港：八方文化企业公司。

Addams, Jane. 1902. *Democracy and Social Ethics*. London: Macmillan.

Bisman, Cynthia. 2004. "Social Work Values: The Moral Core of the Profession." *The British Journal of Social Work* 34 (1): 109–123.

Darwin, Charles. 1964. On *the Origin of Species: A Facsimile of the First Edition*. Cambridge, MA: Harvard University Press.

Flexner, Abraham. 1915. "Is Social Work a Profession?" Proceedings of the National Conference of Charities and Correction. Chicago.

Gorski, Philip S. 2012. "Recovered Goods: Durkheimian Sociology as Virtue Ethics." *The Post-Secular in Question*. New York University Press, pp. 77–104.

Hardin, Garrett. 1993. "Discriminating Altruism." In Hardin, G. (ed.), *Living Within the Limits*. Oxford: Oxford University Press, pp. 225–237.

Levy, Charles S. 1973. "The Value Base of Social Work." *Journal of Education for Social Work* 9 (1): 34–42.

Lukes, Steven. 1969. "Durkheim's Individualism and the Intellectuals." *Political Studies* 17 (1): 14–30.

National Association of Social Workers. 1996. *Code of Ethics*. DC: Author.

Pessi, Anne Birgitta. 2017. "Altruism. Does It Exist and Is It a True Possibility in Diaconal and Social Work?" *Diaconia* 8 (1): 69–96.

Vigilante, Joseph L. 1974. "Between Values and Science: Education for the Profession During a Moral Crisis or Is Proof Truth?" *Journal of Education for Social Work* 10 (3): 107–115.

Whan, Michael. 1986. "Onthe Nature of Practice." *The British Journal of Social Work* 16 (2): 243–250.

Younghusband, Eileen. 1964. *Social Work and Social Change*. Routledge.

【社会工作督导研究】

规范－目标－成效导向：政府购买社会工作服务情境下项目督导的实践逻辑

孙 斐 黄 锐 范 斌[*]

摘 要 本文通过追踪江浙沪地区的多个社会工作服务督导项目，分析项目督导的实践逻辑。项目督导是由签订督导协议的专家或签订督导项目合同的社会服务机构或资深社会工作者团队，针对某一特定或同一批次的一线服务项目开展的督导服务。项目督导者根据行业基础规范和专业发展期许，结合委托方的相关要求和督导对象的现有水准及专业性发展需求，对督导对象的服务设计、执行、记录、评估、总结、反思等予以引导。项目督导将项目规范视作督导的基础环节与首要环节，在项目规范基本达成的基础上将督导重点转移至项目目标部分，待目标达成则注重提高项目成效，呈现"规范－目标－成效导向"的实践逻辑。

关键词 项目督导 实践逻辑 规范－目标－成效导向

一 问题的提出

近年来，我国政府加大了购买社会工作服务的力度，实施政府购买社

---

[*] 孙斐，华东理工大学社会与公共管理学院博士研究生，主要研究方向为儿童社会工作、社会工作督导；黄锐，通讯作者，华东理工大学社会工作系副教授，主要研究方向为社会工作理论；范斌，华东理工大学社会工作系教授，主要研究方向为儿童社会工作。

会工作服务项目的地区不断增加。与此同时，各地政府越来越关注政府购买社会工作服务项目的规范化发展。举例来说，上海市先后颁布了《上海市人民政府关于进一步建立健全本市政府购买服务制度的实施意见》（沪府发〔2015〕21号）、《关于进一步支持和规范本市社会组织承接政府购买服务工作的通知》（沪财预〔2016〕108号）、《上海市政府购买社会组织服务项目绩效评价管理办法（试行）》（沪财绩〔2016〕18号）等相关政策文件。为了完善政府购买社会工作服务项目制度、提升服务项目实施与管理的规范性、提高服务成效与综合效益，部分地方政府大力推动针对社会工作服务项目的项目督导。许多刚刚入行或初次接触某一专业性要求较高服务领域的社会服务机构，也具有专业能力提升的需要，急需项目督导者提供全面的专业支持。

目前，项目督导已经出现在全国许多地区及多个社会工作服务领域之中。从江浙沪地区的实践来看，项目督导是通过购买督导服务的形式，由签订督导协议的专家或签订督导项目合同的社会服务机构或资深社会工作者团队针对某一特定或同一批次的一线服务项目开展督导服务。社会工作督导实务的新进展要求社会工作研究对此予以关注和回应。申言之，中国本土语境下的社会工作督导研究除了关注机构督导（包括外部督导、机构内部督导）外，还需要把项目督导纳入研究视野。值得追问的是，项目督导的实践过程是怎样的？它遵循一种什么样的实践逻辑？对这些问题的探讨，不仅可以推进中国本土的社会工作督导实务的发展，也能够让我们在理论上进一步厘清本土督导与国外的异同。

二 文献回顾与研究方法

（一）既有研究述评

社会工作督导是督导者支持、保证和发展督导对象知识、技能和价值观的过程，目的是提高督导对象的工作质量、完成既定目标以及保障服务成效（Bree & Mark，2018）。回顾社会工作督导在国外的发展过程，是先产生机构内部督导（从督导志愿人员开始），后来再进一步发展出外部督导（Wonnacott，2016）。早期的社会工作督导以功能取向为主，强调社会工作督导是通过督导者与督导对象的互动实现行政性功能、教育性功能和支持性功能（Rich，1993）。从20世纪五六十年代开始，功能取向的社会工作督导受到越来越多的批评，取而代之的是发展取向的社会工作督导。按照戴维斯（A. Davys）和贝多（L. Beddoe）的分析，发展取向的社会工作督导不强调对"事务"的督导（督导功能），而是关注对"人"的督导，尤其是督导对象在督导过程中获得的专业发展（Davys & Beddoe, 2016）。90 年代以后，受后现代主义思潮的影响，反思取向的社会工作督导兴起。督导对象成为社会工作督导的中心（Ungar, 2006），督导过程中的权力关系与文化敏感性等议题越来越得到重视（Hair & O'Donoghu, 2009）。

从社会工作督导在我国的发展历程来看，呈现实习督导与实务督导并行的态势（张洪英，2017）。由于实习督导与本文不直接相关，在此不予以赘述。就实务督导的演进而言，一个总的趋势是从外部督导到机构内部督导再到项目督导。中国大陆社会工作的特点是政府推动、教育先行，且早期主要受港台影响（王思斌，2019）。社会服务机构一开始主要聘请港台专家、资深社会工作者或内地高校社会工作教师担任外部督导，为一线社会工作者提供专业、情感支持。然而，港台专家、资深社会工作者的境外经验在本土遭遇诸多文化适应性难题（齐华栋、沈文伟，2012），高校社会工作教师的实务经验也面临挑战（谢敏，2015）。随着社会服务机构规模的扩大以及政府购买服务从"岗位购买"转向"项目购买"，社会服务机构对行政性督导的需求越来越明显，有一定积累的社会服务机构开始注重培养机构内部督导（李晓凤等，2015）。近年来，各地政府对社会工作服务项目实施与管理的规范性提出新的要求，服务成效与综合效益发展等议题也越来越受到重视，甚至成为购买某一社会工作服务项目的核心指标。由此，催生出专门针对一线社会工作服务项目的督导服务，由资深社会工作者或其团队直接针对一个或同一批次的一线社会工作服务项目进行项目督导。

国内学界对社会工作督导的研究也随着督导实务的展开而不断深入。一部分研究从总体上分析中国本土社会工作督导，比如督导者的基本角色（童敏，2006）、督导模式（严桦，2013；吕新萍，2019；廖其能、张和清，2019；张洪英、赵万林，2019）以及面临的目标偏离、制度化建设滞后等问题（王芳、王敏，2019；杨慧、杨森，2019）。一部分研究聚焦于本土的督导实践，比如外部督导和机构内部督导的督导者类型（郭名倞等，2010）、角色功能定位（沈黎、王安琪，2013）、督导关系（顾江霞，2012）、优势与弊端的比较（童敏、史天琪，2017）。有些学者的研究则将内、外部督导置于机构情境之中，考察内、外部督导的配合机制，并进一步探索本土社会工作的机构督导的层次与功能（童敏、史天琪，2018）。还有一些研究关注到社会工作督导的项目情境。比如，通过对执行服务项目的一线社会工作者的访谈，了解督导队伍构成、督导方式、督导内容，进而总结出项目为本的多元联合督导模式（章洁，2014）；追踪项目督导过程，探究公益创投批量项目中的督导角色定位、能力要求（张云，2014）；分析单一项目督导的价值、目标、内容、方式等，提出"多元·需求为本"社会工作项目督导模式（曹书丽，2016）。除了对项目督导模式的提炼外，有学者从项目购买语境出发探讨中国本土社会工作督导的内涵，涉及项目任务执行的功能督导、项目经验学习的成长督导、项目服务处境的反身督导三个层次和实证思维、体验思维、场景思维三个视角的整合（童敏、史天琪，2019）。

无疑，已有研究有助于我们认识中国本土语境下社会工作督导的内涵，尤其是针对项目督导的研究能够帮助我们把握项目服务处境与社会工作督导实践的互构性。但必须指出的是，对项目督导的研究多分析一线服务项目的项目购买语境，而或多或少疏漏了督导项目本身的项目逻辑。这意味着我们对项目督导的分析需要聚焦项目，进而深入督导服务项目的实践逻辑层面，否则将在一定程度上阻碍我们对中国本土语境下社会工作督导内涵的进一步认识，也不利于我们对中外社会工作督导展开比较研究。而这正是本研究的起点。本文试图通过对江浙沪地区多个项目督导案例的实证研究，进一步梳理项目督导的实践逻辑。

（二）本文的研究方法

笔者连续2年追踪了江浙沪地区的多个督导项目及督导过程，并且参与了部分项目的项目督导实践。在此过程中，笔者和部分项目督导者较为熟悉，使用有目的性的抽样技术选取访谈对象。本文基于数据饱和原理确定访谈样本量，先后有11名项目督导者接受笔者访谈。其中，8名是来自6家督导项目执行机构的社会工作者，2名为参与项目督导的高校教师，1名是参与项目督导的博士候选人。6家督导项目执行机构有4家在上海注册（1家只在上海地区开展督导业务，另外3家还涉及江浙地区督导业务并具有高校背景），1家在杭州注册，1家在苏州注册，这基本上能够反映江浙沪地区从事项目督导的机构的概况。8名社会工作者中有4名是督导服务项目的直接负责人，4名为参与督导项目的社会工作者。他们均具有中级社工师资质,其中 5 人已取得社会工作专业硕士学位,1 人为社会工作专业本科毕业,2 人获管理学等相关专业学位;在从业经历方面,有 10 年以上社会工作全职从业经历者 1 人,5~10 年全职从业经历者 3 人,3~5 年全职从业经历者 4 人。为了让访谈对象在一个无压力的环境下表达自己的观点,笔者事先和访谈对象沟通以确定合适的访谈时间,采取非结构式访谈技术进行访谈,访谈现场不录音。访谈结束后,由笔者迅速整理出访谈资料,经访谈对象确认同意后再纳入论文正文。待形成初稿,再请访谈对象逐一确认。

三 项目督导的实践逻辑

(一) 项目服务规范为基础的督导

服务规范是指项目执行团队在项目开展的整个过程中基于行业通识和机构制度而应达到的基本执行要求,包括:项目管理规范、项目实施程序规范、项目资料规范。

> 规范体现的是项目开展的正规性,也是项目组所在机构的一种自我保护和对第三方评估的准备。(S-S)

> 开展政府购买服务的项目会有一些基本的运作要求,这是很多刚进入行业的人不了解的。有些人纯粹公益动机来的,他们……不知道为什么要查每笔(资金的使用),会有公益性受伤。提前把规范建设好,说清楚,就可以避免。(S-Y)

> 一般开展督导时,我会先问他们(一线社会工作服务项目执行团队)的工作内容、程序等,对他们每个人的工作和整个项目有一个了解,找到他们的不足之处和可取之处,形成一个对他们的整体性的工作规范。这是为了让他们在以后的工作中形成一套有效的工作机制,提高效率,形成最大化的工作成效。(S-W)

项目管理规范主要涵盖项目管理制度的建设,财务与物资管理的合法、合规性,以及与项目督导对象、志愿者、项目督导者等相关的人事管理。一般而言,项目督导者会了解项目执行机构与项目相关的制度是否健全、有效。如果没有，则会提出建议，或协助建立一定的项目管理制度，从而增强制度保障。在财务上，除政府直接购买的督导、评估一体化项目可能涉及对财务账目的了解外，项目督导者会针对项目执行机构的报销单、物资采购、物资出入库等与项目直接相关的部分予以指导。

> 有的时候我们会特别提醒财务的情况。特别是这些机构如果刚开始做政府购买服务，甚至这个地区也刚开始的时候，肯定会有用企业那套方式做账的，而不是民间非营利组织会计制度。有一些停留在其他领域的项目运作思维，你给我这些资金，我做完要做的事儿就行了，就可能会出现不对照预算等状况。还有不留存专家资质的……（S-M）

项目实施程序规范涉及服务过程。项目督导者对项目执行团队的期待在于，其所提供的服务能够按照社会工作实务的通用过程开展，即接案、预估、计划、实施、评估、结案。而专业服务的过程呈现则主要借助相应的服务记录。如个案服务，需具备个案登记表、个案服务协议、个案预估表、个案服务计划表、个案过程记录表、个案评估表、结案报告表等；小组服务，需具备小组计划表（含每节次的具体计划）、小组记录表、小组评估与总结表等；社区服务，则根据服务内容，制定相应的记录表单，包括活动计划表、活动记录表、活动评估与总结表等，部分活动附有新闻稿。如此，将专业服务程序一一与记录的内容相对应，即其与记录表格的设计和填写直接挂钩。

项目资料规范包括项目资料设计、记录与归档规范。项目资料设计规范，即根据专业服务程序及行业通识，以专业性为依托，以服务为中心，设计出格式统一、带有机构或项目标识的通用模板。其实，设计项目资料通用模板也有助于一线社会工作者系统地记录服务过程并对服务过程进行反思，以及有针对性地收集服务对象满意度与成效等信息。在项目资料记录规范方面，主要涉及一线社会工作者认真、真实地填写项目资料，不产生基本的专业用词、理论选择等错误。

> 记录表前面一个评估，后面一个评估，很明显前一个其实是指预估，但是有的社工就没搞清楚，会填错……所以我们会建议调整记录表，也让社工明白评估所指的不同含义。（S-H）

更多的服务记录看起来像流水账，会让人感觉不是社工也能写出来……大多数的（被督导者）服务反思和服务总结写得很像，有的几乎一模一样，他们的服务反思会写服务整个的状况，但是不会从自我的角度反思自己的社会工作专业性的问题和怎样会做得更好。(S-W)

项目资料归档规范即项目档案能够按照一定的逻辑要求、时间要求，建档归档，并产生资料清单。针对项目资料的规范性督导，项目督导者首先会查阅项目执行团队及所在机构现有的关乎服务的文档模板，并根据需要，或提出自己的建议，或协助修改，以形成一些标准化模板。部分项目督导者在面对非专业出身、知识积累不足的项目执行团队时，还会建议将模板细化，让一线社会工作者更清楚每个表格中需要填写的内容，在提高准确性的同时促进其专业知识的扎实积累。在项目资料填写的规范性上，项目督导者往往用时较多。其实，这也是项目督导者对实务开展的审核过程，比如考查活动设计是否合理、活动记录是否全面、活动反思是否深入等。不过，项目督导者一开始的要求仍以填写内容符合填写要求的规范为先，防止产生低级错误。最后，项目督导者通过对现有资料的查阅及与一线社会工作者的沟通，了解资料归档情况，并对归档提出建议。总体来说，项目督导者希望在增加对项目执行团队了解的同时，促进项目在资料规范性上的提升。因此，资料的设计、记录、归档，既是项目督导的内容，也是项目督导者预估项目执行水平的需要。

（二）项目服务目标为本的督导

在确保服务规范的基础上，项目督导将重点转向项目目标的达成状况。所有社会服务项目的项目目标都需要写入项目合同，成为该项目需要达成的基本部分。项目目标一般分为总目标和分目标。总目标明确地体现在项目书、投标文件的项目目标栏中。值得注意的是，一般项目在制定总目标时，大概率使用大而宽泛的词汇，有时部分项目的分目标也不够具体。在目标达成的驱动下，项目督导者关注目标解读，并通过促进资源管理完成服务任务，通过提高满意度评价以不断延续服务任务，最终保障目标达成。

为了促进项目目标的达成，项目督导者在自身理解并与社会服务机构相关负责人沟通的基础上，向项目执行团队解读项目书，特别是解读项目总目标与项目分目标、子项目目标等。原因在于，部分一线社会工作者在拿到项目书后,更多地关注细节,比如,要完成多少次、什么内容、什么形式的服务。这让社会工作者容易忽视项目目标,或形成对项目的碎片化理解,进而人为割裂了子项目之间的关系。项目督导者常常遇到社会工作者带有抱怨性的询问,那就是如何完成某个要求极高完成量的子项目或服务。这是一个共性问题,也是项目督导者面对一线社会工作者时首先需要帮他们解决的问题。这类问题的产生,往往源自对方案目标的解读。其解决方式之一,也在一定程度上依托于该过程。在项目目标解读上,项目督导者通常会完成三项工作。第一,解读项目目标,根据服务对象需要和项目执行团队能力,在项目目标的"语言空间"中,寻求最为合适的目标达成程度,帮助一线社会工作者理解项目要让服务对象、社区等实现怎样的改变,即强调目标、强调工作方向。第二,解读子项目目标与总目标之间的关系,即将一线社会工作者所关注的碎片化的细节整合起来,进一步梳理子项目的关系,初步形成子项目在具体执行上的先后顺序。这也是对服务内容的整合,比如在合理的情况下,将部分子项目服务在一天中按照上午、下午的时段整合起来,从而比较高效地促进高服务频次的完成,此即明确逻辑。第三,让一线社会工作者明确活动内容和形式是为目标服务的。让一线社会工作者从只关注内容、不关注目标的情况或从内容出发贴近目标的情况转化为以目标为中心安排服务内容,即杜绝"社会工作者服务完全游戏化"。总而言之,社会工作者对目标的关注是一个长期受项目督导影响而改变的过程。在面对刚组建的、缺少服务经验的项目执行团队时,项目督导者往往倾向于帮助其理顺服务逻辑,让一线社会工作者学会在工作观察到的细节中,体会服务目标的达成情况。

资源管理涉及项目执行团队如何在服务过程中链接到各类资源,并合理运用。通常,先发掘为服务保驾护航的基础资源再加以合作,促进形成各方优势的联结。最常见也最容易不被划归为资源但实质具有资源性质的社区居委会,是一线社会工作者刚进入社区时首先遇到的,也是一线社会工作者可能最需要及时向项目督导者请教的。

> 居委会是基础性的社区资源……项目落地的社工会问,跟居委会打招呼的时候,一般怎么进行自我介绍?怎么让居委会更容易地接受我们的项目落地?项目怎样才能得到他们的配合?还有就是怎么能让居委会了解到,我们的项目落地与他们的工作,其实是在工作中形成

一个优势互补，会有一个双赢局面？最主要的是，怎么能让我们的项目落地与他们的工作不形成一个对立和彼此孤立的状态？所以我经常回应社工的是，让他们进行一些社区观察，深入社区，了解社区居民的需求，了解社区居委会的需求。指导一线社工根据社区情况，挖掘一些社区潜在资源和现有资源，和社区居委会进一步建立关系，从而让这样的一个社区基础资源得到维护。(S-X)

满意度是服务对象对参与项目服务感受的直接评价，服务过程中的满意度涉及服务场地及设施、服务时间及时长、社会工作者的能力及态度等方面。对这些评价的统计和分析，可能是大量现有社会工作服务项目中少有的、直观的数据内容。这些内容可以促进服务的持续优化，以保障服务的不断提供中服务对象的参与，促进任务完成。同时，项目执行团队希望收到较好的评价，以呈现给购买方或第三方评估机构、社会公众等。对此，项目督导的内容主要涉及如何保障有较高满意度，而不是部分社会工作者所认为的活动过程给服务对象带来的愉悦即可。项目督导者虽可能在项目资料设计阶段已经调整了满意度收集模板，比如将选项仅有"满意、不满意、非常不满意"调整为"非常满意、满意、一般、不满意、非常不满意"，但也会根据不同的活动再另行指导问卷设计、发放、回收和分析。在此过程中，一线社会工作者真正地关注和意识到从服务对象手中回收的数据所体现的项目服务的优势与不足，初步培养批判性反思的能力与思维。

任务达成是目标达成的基石，项目目标正是通过一次次的服务任务而逐步实现的。任务达成主要是指能够在项目规定的周期内，完成项目中所要求完成的既定服务内容的服务量与服务频次等。这是现阶段大部分项目执行团队最为关注的内容，是合同所约定的，也是购买方、监管方所关注的。在项目执行过程中，往往遭遇以下情况：因为各种原因，服务还未启动，进度延迟；无法在服务区域（一般为社区）中找到对应的服务对象；单场社区活动难以招募到足够的服务对象；部分子项目服务频次超出，但是部分子项目服务频次大量不足；等等。在这些项目服务量和服务人次的问题后面折射出项目督导在本阶段的部分内容，不仅涉及协助进度控制、引导探寻问题解决的策略，而且也涉及一线社会工作者快速入场，与当地社区居委会、物业公司、居民等建立关系并维护的经验及诀窍，以及如何快速组织服务对象等。总而言之，在任务达成部分，项目督导过程不仅是对项目进程的关注、协助对任务达成危机的应对等，也是项目督导者一步一步向社会工作者传授经验，让社会工作者讨论、体验并积极反思的过程。

（三）项目服务成效导向的督导

提供具有高专业质量、高成效的服务以使服务对象受益最大化是社会工作服务项目发展的根本目标，也是社会工作专业督导的永恒追求（Liz，2015）。其实，这也是项目购买方对服务成效和综合效益所要求的。对于同一社会服务机构执行两年乃至多年的项目更是如此。在此意义上，项目督导强调助力项目持续发展提升服务成效。而服务成效与项目执行团队保持热忱的服务态度、基于能力的团队分工、基本社会工作服务技术与方法的掌握等直接相关。

第一，在社会工作者的项目执行态度上，项目督导者会协助社会工作者澄清价值、减轻倦怠，使其对项目服务保持热忱，由此不断提高服务质量，促进成效提升。比如，有社会工作者认为，传统的社会工作三大方法在正开展的项目中几乎没有得到运用，所有服务都是做游戏、做活动，难以体现社会工作者的价值观及其社会工作理论的运用等，进而质疑服务的意义；有的社会工作者设计了一个子项目活动方案，其理论运用、活动安排等从撰写上看行文规范、逻辑性强，但是无法受到服务对象的欢迎，内心非常挫败。为回应社会工作者因工作角色而产生的情绪等问题，部分项目督导者给予安抚，并帮助其分析情绪产生的原因，探索解决策略及这些情绪对社会工作者项目服务产生的影响；同时，找到问题的解决方法，促进服务质量的提升。最终，项目督导者与社会工作者共同找寻服务的初心和愿景，秉承社会工作专业价值继续前行。

第二，在项目执行分工上，借助社会工作者能力优势与兴趣，促进项目分工更为合理，以发挥项目社会工作者的优势并有针对性地提升其能力，在短期内推动成效提升。在部分地区，单个项目资金较多，项目团队超过10人，如何让社会工作者认清自我进而推进项目合理分工是一个关键问题。项目督导者通常会基于不同的预估手段，协助社会工作者认识自我。一部分项目督导者会借由督导过程中社会工作者提交的关乎项目服务的书面资料、针对项目工作提出的问题，评估社会工作者的专业能力水平；一部分项目督导者会列明在做该项目工作过程中需要的能力，请社会工作者逐条自评。此外，社会工作服务项目不仅包含个案、小组等服务，也涉及志愿者招募与管理、项目宣传与推广等工作。项目督导者除了帮助社会工作者关注自身专业能力外,也会关注其在微信公众号排版与编辑、内部会议记录撰写等方面的优势与不足。在分析社会工作者的专业能力与项目内容的基础上,项目督导者协助项目执行团队合理分工、制订成长计划,并依据分工和项目进程规划项目周期内的学习进度。可见,项目督导者在项目分工、能力成长上所做出的贴合,既能够个性化地提高社会工作者的能力,又可以高效促进成效提升。

第三,在项目服务具体执行上,提升社会工作者的服务技术与方法,从根基上产生推动项目成效提升的可能。项目督导者通过服务现场指导与复盘,服务设计、记录、评估等资料查阅与修订建议以及问题回应等手段,跟踪一线社会工作者的服务过程;着重探讨其服务中信任关系的建立与维系,资料收集与分析,计划制订、实施、评估与反思,协助社会工作者回顾其服务实践过程,发现其经验与不足;重点关注社会工作者的服务技巧,比如个案会谈中同理心、鼓励、澄清、对焦等技巧,小组中与组员沟通、促进组员沟通、主持小组讨论等技巧,促进服务技巧的提升;协助其将服务所得吸收、应用到接下来的服务当中,从带领社会工作者反思,到让社会工作者开始自我反思,促进其专业自主性的形成。

对年度项目来说,回顾项目成效有助于反映当年项目服务的优势与不足,明确服务对象的改变,进而揭示项目的综合效益。如项目需持续发展,则可对应提出项目深化发展的路径,成为服务成效深化的基础。因此,项目督导者会引导社会工作者对总体项目成效进行测评。比如,如何制订针对整个项目设计的成效评估计划,如何分析收回的数据,如何分析收回的服务资料,如何撰写针对本项目的成效报告等。

> 现在很多汇报项目成效就是讲故事、摆案例和报数据。讲故事就是把服务对象的改变、社区的改变,通过故事讲出来;摆案例就是项目团队更进一步了,把个案、小组或者项目写成具有一定专业性的服务案例;报数据就是把服务成效测评里面的服务对象改变、收获等数据列出来。很少有项目能做前、后测对比,还有些会把满意度数据混在里面。(S-S)

在三种形式中,部分项目执行团队对自身项目的成效了解及成效表达水平仍停留在"讲故事"的层面。因此,大多数项目督导者注重引导社会工作者,找寻更科学、更全面、更适宜项目的成效测评方式,促进社会工作者获取并准确了解所开展的项目服务成效,从而为下一步的成效深化奠定基础。

四 总结与讨论

从江浙沪地区的项目督导实践来看,项目督导是督导者根据现行项目执行规范(行业基础规范和专业发展期许),结合委托方的相关要求和督导对象的现有水准及专业性发展需求,在跟踪项目发展、促进项目完成的过程中,对项目服务团队的服务设计、执行、记录、评估、总结、反思等予以引导,并关注整个项目的成效发展与评估的过程。一段时间以来,项目督导逐渐成为保证政府购买服务资金有效使用的重要途径,也是助推社会服务机构成长的有效手段。同时,项目督导直接作用于项目目标的达成和项目成效的提升,这既服务于项目本身,又回馈于服务对象乃至整个社会。必须强调的是,项目督导者整体沉浸在社会工作者与服务对象的互动过程之中,紧密关注社会工作者与服务对象的关系演变。同样,项目督导者也通过情绪支持、成长规划等,关注自身与社会工作者之间的关系建设,并进一步提高社会工作者的服务专业性以及推动社会工作实务过程的批判反思。

就督导过程而言,项目督导将项目规范视作督导的基础环节与首要环节。在项目规范基本达成的基础上,再将督导重点转移至项目标书与申请书中着重强调的项目目标部分,关注项目的任务完成、目标达成与满意度评价等。在保障项目目标的达成后,项目督导则注重提高项目成效,进一步关注社会工作者的专业价值、职业倦怠,进而提升项目团队合作能力与服务技术和方法。从项目督导的时间安排来看也是如此。一般情况下,服务规范、目标达成是在项目督导周期内需要优先完成的,由于项目团队及所在社会服务机构的项目执行基础不同,在管理、服务等积累方面也有差别,故所用督导时间也有长有短。至于成效提升的达成程度,则最终取决于项目执行团队的专业服务需求以及督导周期内的剩余时间。若项目延续,项目督导者在下一周期的项目督导中继续按照此实践逻辑执行督导服务。虽然项目服务规范为基础的督导所花费的时间有可能减少,但其会以政策变更为依据，持续提升项目规范管理水平，而所节省的时间也将顺延到后续安排之中。总之，项目督导围绕服务规范、目标达成和成效提升而展开，呈现"规范－目标－成效导向"的实践逻辑，示意图如图1所示。

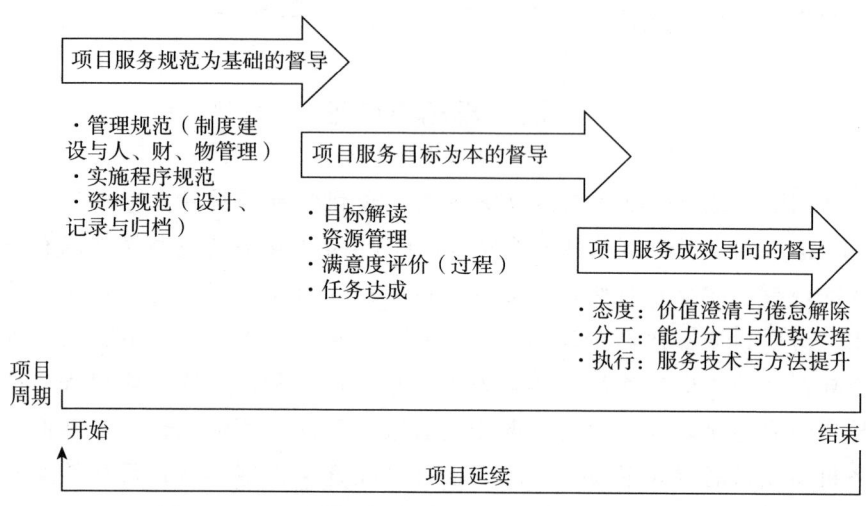

图1 "规范－目标－成效导向"的项目督导实践逻辑

可见，这与以往学者以本土项目服务处境为依托所提出的中国本土语境下社会工作督导整合逻辑既具有共同性也具有差异性（童敏、史天琪，2019）。在共同性上，两者均关注到项目督导情境以及"目标－成效导向"的实践逻辑。差异性在于，以往研究在"目标－成效导向"的基础上（向后）延伸出成效反思、反身学习的督导层次。而本文的研究则发现，"目标－成效导向"的前提是服务规范，即把"目标－成效导向"（向前）扩展到"规范－目标－成效导向"，至于成效反思、反身学习的督导层次在本研究中也有所体现，不过目前不够明显。对于这一差异性，一方面与社会工作督导发展的地区差异有关，另一方面还需要特别考虑到不同地区的宏观政策及其实施的影响。江浙沪地区近几年逐步加强了对政府购买社会工作服务项目以及社会服务机构的规范化建设，第三方评估机构在评估时多参照《社会工作服务项目绩效评估指南》（MZ/T 059 - 2014）和民政部于2010年发布的《社会组织评估管理办法》。前者提出，社会工作服务项目在执行过程中应具备专业规范性管理，具体为"是否制定和执行了完善的社会工作专业服务规范和程序；是否全面、原始、真实保存项目服务档案；是否制定了服务对象权益保障制度"。后者将内部治理、工作绩效等方面的规范性作为考查内容之一，财务资产管理规范、档案证章管理规范、业务管理规范等则与社会工作服务项目的服务、管理极为相关。在此意义上，项目督导或多或少地受到了第三方评估机构指标的影响。更有甚者，评估指标成为项目督导的"内化准则"。这使得项目督导将始终围绕社会工作服务项目、围绕评估要求而展开。这一点在国外的社会工作督导研究中也部分得到证实（Jay，2019）。

进一步对照国外社会工作督导可以发现，江浙沪地区的项目督导以功能取向为主，兼具发展取向、反思取向的部分特点。在一定程度上，这与项目督导的项目处境有关。无论是一线社会工作服务项目还是督导一线社会工作服务项目的督导项目，都是在项目购买语境下展开的，这意味着项目督导的实践逻辑既要与项目逻辑有同构性，也要与督导逻辑是同构的。对项目执行团队中的社会工作者而言，其专业能力的培养必然是依托在项目之上且服务于项目发展。如果该项目不涉及个案工作、小组工作等专业方法的话，其相应的专业方法与技术难以得到锻炼和培养。此外，基于项目督导的时间特性，项目督导者无法为项目执行团队中的社会工作者制定长期的发展规划，而只能在短期内与社会工作者共同谋划其学习、发展的路径。因此，项目督导在促进社会工作者长期、全面地提升专业核心能力方面仍面临挑战。这是值得后续进一步探讨的内容。

参考文献

A. Davys & L. Beddoe，2016，《社工督导：理论与实务》，刘晓春审阅，台北：洪叶文化事业有限公司。

Jane Wonnacott，2016，《社会工作督导》，赵环等译，上海：华东理工大学出版社。

曹书丽，2016，《中国社会工作项目督导的研究——以"大爱之行"某项目为例》，硕士学位论文，山东大学。

顾江霞，2012，《社会工作本土化过程中的督导关系分析——基于东莞 H 镇督导项目实践的经验》，《社会福利》（理论版）第 8 期。

郭名倞、杨巧赞、刘赤单、席聪敏、王乐，2010，《机构社会工作中督导的功能》，《社会福利》第 6 期。

李晓凤、黄巧文、马瑞民，2015，《社会工作督导的历史演进及其经验启示——以美国、中国深圳社会工作督导实务为例》，《社会工作与管理》第 6 期。

廖其能、张和清，2019，《社会工作督导范式转向研究——以"双百计划"协同行动为例》，《社会工作》第 1 期。

吕新萍，2019，《增能取向的社会工作督导过程：提升自我效能与促进专业复原力》，

《社会工作与管理》第 6 期。

齐华栋、沈文伟,2012,《社会工作机构督导培养路径选择》,《社会工作》第 8 期。

沈黎、王安琪,2013,《本土社会工作督导运作状况研究——基于上海社会工作实务界的探索性分析》,《社会工作》第 1 期。

童敏,2006,《中国本土社会工作专业实践的基本处境及其督导者的基本角色》,《社会》第 3 期。

童敏、史天琪,2017,《专业化背景下社工机构督导的本土定位和分工——基于厦门 A 社工机构的个案分析》,《华东理工大学学报》(社会科学版)第 2 期。

童敏、史天琪,2018,《本土社工机构督导的层次和功能:一个探索性框架》,《社会工作与管理》第 1 期。

童敏、史天琪,2019,《中国本土语境下社会工作督导的内涵:项目实践中的自觉与自决》,《社会工作与管理》第 6 期。

王芳、王敏,2019,《本土社会工作督导实践的目标偏离与功能回归:基于对 S 市的经验研究》,《学习与实践》第 9 期。

王思斌,2019,《从"教育先行"到理论与实践的"互促性发展"》,载《中国社会工作学刊》(第一辑),北京:中国社会出版社。

谢敏,2015,《社会工作督导者与被督导者契合研究——基于广东省社会工作实践的质性研究》,《社会福利》(理论版)第 3 期。

严桦,2013,《赋权视野下的社会工作督导研究——以 J 基金 2 个项目为例》,《西南民族大学学报》(人文社会科学版)第 11 期。

杨慧、杨森,2019,《制度化与非制度化:我国社会工作督导模式的比较研究》,《中央民族大学学报》(哲学社会科学版)第 3 期。

张洪英,2017,《中国社会工作督导研究的回顾与展望——以 1998—2015 年 CNKI 期刊论文为样本》,《社会工作与管理》第 4 期。

张洪英、赵万林,2019,《社会工作跨文化督导的本土含义与实践策略》,《浙江工商大学学报》第 6 期。

张云,2014,《公益创投项目中的社会工作督导研究——以 Q 项目和 Y 项目为例》,硕士学位论文,南京师范大学。

章洁,2014,《项目社工督导模式研究——以济南市 Z 社会工作服务机构为例》,硕士学位论文,山东大学。

Bree, A. & Mark, C. 2018. "Expert Understandings of Social Work Supervision as a Means to Strengthen the Social Service Workforce: Results from a Global Delphi Study." *European Journal of Social Work* 21 (3): 333 - 347.

Hair, H. J. & O'Donoghu, K. 2009. "Culturally Relevant, Socially Just Social Work Supervision: Becoming Visible Through a Social Constructionist Lens." *Journal of Ethnic and Cultural Diversity in Social Work* 18 (1): 70 - 88.

Jay, S. 2019. "A Look Behind the Curtain at Social Work Supervision in Inter-Professional Practice Settings: Critical Themes and Pressing Practical Challenges." *European Journal of Social Work* 22 (1): 1 – 10.

Liz, B. 2015. "Supervision and Developing the Profession: One Supervision or Many." *China Journal of Social Work* 8 (2): 150 – 163.

Rich, P. 1993. "The Form, Function, and Content of Clinical Supervision: An Integrated Model." *The Clinical Supervisor* 11 (1): 137 – 178.

Ungar, M. 2006. "Practicing as a Postmodern Supervisor." *Journal of Marital and Family Therapy* 32 (1): 59 – 71.

【儿童社会工作研究】

内化与外化："多动症"儿童叙事治疗个案研究[*]

郑庆杰　陈美杏[**]

摘　要　"多动症"儿童在现实生活中属于弱势者，在家庭中接受父母言传身教的感染，在学校里接受知识的熏陶和朋辈亚文化的渲染。社工运用叙事治疗模式，遵循从建构到解构再到重构的阶段发展路径，进行多元主体的建构式对话，透过行为假象，协助案主外化问题，探寻被忽视的例外的生活故事，在重塑对话中增强案主的积极自我身份认同。可见，叙事治疗是多主体、多阶段的叙事重构过程，促使成年人透过行为表象识别"多动症"儿童内心情感的需求，促进"多动症"儿童重建自我认同。

关键词　叙事治疗模式　外化技术　多动症儿童

---

[*] 本文为江西省教育科学规划课题"社会学专业的模块化教学与知识整合"、江西省青年马克思主义者理论研究创新工程资助项目"叙事治疗模式下的留守儿童社交退缩行为研究"（21QM51）、赣南师范大学校级教改课题"学科交叉与知识整合：研究生综合研究创新能力培养机制研究"、国家社科基金项目"阻断农村代际传递的政策效果评估与机制优化研究"（20BSH010）的阶段性成果。

[**] 郑庆杰，赣南师范大学历史文化与旅游学院副教授，主要研究方向为儿童社会工作、儿童社会政策；陈美杏，赣南师范大学历史文化与旅游学院社会工作硕士研究生，主要研究方向为儿童社会工作、儿童权益保护。

一 问题的提出

"多动症"又称注意力缺陷多动症,多动症儿童的智力(基本)正常,但学习、行为及情绪方面存在缺陷,其主要表现为注意力短暂,好动,学习成绩普遍较差,情绪易怒,不易与人相处。康拉德认为从医学角度,儿童群体极容易被诊断为"多动症"群体,属于越轨行为范畴(韩俊红,2012)。为此,这类儿童成为儿童群体中的"特殊"一类,家庭、学校及朋辈群体均对其避而远之。在大众的眼中,为何他们成为"特殊"群体?他们的"特殊"是如何被建构起来的?对于这类"特殊"儿童的研究,值得关注。

二 文献回顾

(一)叙事疗法的缘起

20世纪80年代,White和Epston(2013)提出叙事疗法,将Bateson的诠释论、福柯的权力分析和社会建构主义的思想综合应用于家庭治疗。叙事疗法被广泛应用于心理治疗和咨询中,后被社会工作所借鉴和吸纳,并运用于个案工作方法和小组工作方法。叙事疗法的核心是叙事,叙事即讲故事,故事本身源于社交对话和文化,通过赋予故事意义来理解服务对象的生活和经历,帮助案主在讲故事的过程中,运用适当的语言形式,找出遗漏的具有积极意义的生活故事,重新建构生活意义、唤起当事人内在力量(程瑾涛、刘世生,2012)。叙事工具借助语言、影视、绘画以及游戏等;叙事外化的技巧是隐喻的拟人化。简言之,心理治疗师着重关注服务对象的心理问题和想法,认为服务对象深受自身主观建构的"问题故事"困扰。社工运用叙事疗法,以讲故事的形式,协助案主将问题外化(人≠问题),社工与案主一起对抗并解决"问题",让服务对象的心理得以成长,自我角色得以重新定义和调整,有利于针对性、个别化地解决服务对象的心理及行为问题。

(二)叙事治疗在困境儿童领域的应用回顾

社会工作运用叙事治疗模式介入儿童领域的服务,社工(治疗师)更多关注留守儿童、残障儿童、流动儿童、患儿等，叙事治疗关注儿童的心理和行为问题，从日常生活中厘清故事的源头和发展路径。如留守儿童的孤独感（宫远超，2020）、情绪控制（赵玲娟，2018）、焦虑症等心理健康问题和厌学（尚发超，2017）等行为问题。

传统意义上，叙事疗法与个案社会工作的服务方式均以面对面访谈方式为主，为此，叙事治疗研究的学者们更多以个案研究的方式介入儿童的问题中，采用叙事治疗的方法和技巧观察案主、倾听案主的叙说，引导案主外化问题（尤舒睿，2014）。

强调平等关系，去专家主义是叙事治疗的原则。叙事治疗者认为来访者是解决自己问题的专家，治疗者与来访者在人格、身份和权利方面是平等的。不平等的关系导致服务对象一系列的问题。留守的经历使得儿童的社会关系淡化，儿童社工在实践中以关系为本注重儿童显现的和潜在的关系构成，同时重视关系得以嵌入其中的个体内在、个体间以及更广阔的社会环境等要素之间重要的关联（张军、王进文，2016）。面对多动症患儿，儿童社工关注患儿与家庭、学校、同伴之间的关系，通过叙事治疗的外化技巧（钱奉励，2018），对其生命故事进行积极的解释，用较期待的故事改写被压制的问题故事，促进儿童的正向成长（张晓静、梅竹，2020）。社工运用叙事治疗模式时，重视问题对多动症儿童的影响（钟江林，2019），激活多种力量丰富支线故事（赵亚丽，2015），用符合儿童特性与需要的方式和儿童互动，如游戏、想象、象征、比喻、讲故事等，使儿童的能力和创造力得到扩展，获得一定的治疗效果（董振银、郭宇，2014）。

可见，社工以个案介入为主，以多元的理论视角和治疗模式探索多动症儿童的行为和认知治疗干预方法。如以家庭治疗为主、ABC 理论等为辅（王欣欣，2018），从家庭关系角度促进案主偏差行为的改善（陈朵多，2015）。运用认知行为治疗法（马良，2017）或行为矫正治疗法（汤素素，2011），帮助案主识别和改变错误认知，纠正偏差行为。采用社会适应力康复治疗（杨爱，2017）和社会支持理论，链接社会资源，帮助案主构建社会支持网络（赵琳，2017）。运用叙事治疗模式，注重多动症儿童的社会关系，如家庭关系与同伴关系，更关心人与问题之间的关系。通过叙说故事方法和问题外化技巧，社工与多动症儿童一起整理经验故事对人的影响，以达到治疗目的。

综上所述，学者更多从治疗干预层面对多动症儿童的行为进行纠正，少部分学者运用叙事治疗模式探究多动症儿童的心理变化历程以及对其"特殊"定义的建构过程,但对于"多动症儿童的多元主体对生活经验故事的影响"少有探究。本文以"多动症"儿童为叙事个案研究对象,探索假性"多动症"儿童如何被建构,叙事治疗如何通过对话的形式帮助"多动症"儿童解构问题故事,重构积极故事,改变生活状态。

案例:小 k[①],男,是一名居住于 J 社区的四年级小学生,放学后会前往 J 社区辅导站学习。虽与父母和姐姐一起生活,但父母早出晚归,小 k 很少与父母接触。小 k 喜欢以嘶吼和"拍桌子"的过激行为方式来解决问题,好动、易怒易冲动,同学们对其拒而远之。由于智力低下,学习成绩较差,常读漏字、错字,做作业不爱思考,辅导站的老师和家长对其教育毫无头绪,逐渐失去耐心。小 k 曾表示学校的数学老师与英语老师从未称赞和表扬过他,但严厉斥责、惩罚过他,态度不友善。社区的个别家长要求自己的孩子不要与其交朋友。没有朋友,喜欢独来独往,爱说谎成为小 k 的"特征"。

三 社会环境对假性"多动症"儿童嵌入式的塑造

通常,"注意力缺陷多动症"是医学的概念,此类儿童受基因等生理因素的影响,注意力集中时间较短,病症不易医治,行为不易矫正,被视为特殊儿童。多动症儿童的表现特征为:好动,易怒等。除了生理性的多动症儿童外,也存在假性"多动症"儿童,即有些被社会环境忽视的儿童,使用过激的语言和行为引起他人的注意。布朗芬布伦纳所提出的生态系统理论主要考察人类行为与社会环境的交互关系,把人类成长所依存的社会环境,如父母、家庭、朋辈与学校,看作一种社会性的生态系统,注重人与环境间各系统的相互作用及对人类行为的重大影响。进而,"多动症"儿童在社会化中,与微观系统中的父母、同伴、老师及社区家长互动,学会察言观色,习得他人言行的含义。无论是生理疾病式的多动症儿童,还是假性"多动症"儿童,他们的共同点是均以激烈的行为、怪异的声音获取

---

① 小 k 是案主的化名。

父母、老师和同伴对其的关注。不管是责怪的声音还是诧异的眼光，都能使儿童在一定程度上获得满足。经过重复试验，多动症儿童的行为应验了其效果，从而加深社会环境对他们的排斥和异化程度。但学者们也认为儿童的生态系统中的社会支持系统提高了"多动症"儿童的抗逆力（周晓春、侯欣、王渭巍，2020）。可见，除了生理因素外，社会环境也影响了"多动症"儿童社会化的塑造。

（一）家庭层面

家庭是儿童接触社会的第一场所，是认识社会准则和建立行为规范的第一课堂，也是影响儿童外在行为和心理行为的重要环境因素（张迪等，2004）。儿童通过家庭互动习得各种行为经验、内化社会规范与准则，以此在家庭中完成早期社会化（李晓凤，2009）。但"问题"儿童的出现给家庭和父母带来了心理创伤、经济压力和养育难度。国内外研究表明："家庭因素是影响儿童问题行为的重要因素之一，不友好的家庭环境可加速儿童行为问题症状的出现或加重已有的症状。"（白春玉等，2006）每个家庭的教育理念和父母的教育方法不同，对儿童初期社会化将产生不同的影响。

一方面，在日常生活中，好动的儿童常与父母或其他的家庭成员"表达"相反的行为，长此以往，父母失去教育耐心，对其不抱好转的希望，甚至以"打骂"的方式来控制和教育"多动症"儿童。长期的打骂，加强了"多动症"儿童的心理创伤和心理阴影。同时，强化了其通过多动、破坏的行为博取他人关注的想法，不利于其"健康的、正确的"初期社会化。另一方面，与"打骂"方式不同，用爱和温暖且有耐心地教育和纠正儿童的"不良"行为的家庭，"多动症"儿童也将会受其父母的行为影响识别和改变其"错误的"行为。因此，父母对"多动症"儿童的教育信心和乐观的治疗心态影响儿童的社会化。

（二）学校层面

学校是儿童进一步社会化的最重要的环境系统，也是儿童融入同辈群体、获得同辈支持及师长认可的重要场所（李晓凤，2009）。学校以学生的成长与发展为教育主线，包括学校内部物质环境、内部精神文化以及人际心理氛围等方面（王秋香，2015）。学校为儿童提供良好的学习环境，也提供交友的平台，是儿童接触多元化的社会文化，进而发展社会化的重要场所之一，老师和同学成为儿童社会化过程中的重要他人。学校提供学习环境，以一对多的课堂教育方式，即一位老师对多名学生，进行大课堂教育。受到社会"择优"文化环境和个人注意力有限的影响，品学优异的学生易受到老师重视和关注，品性和成绩较差的学生也会引起老师的注意，但大部分老师会轻视和忽视此类学生的教育发展。通常，老师甚至学校将两种学生进行对比，划分优生与差生等级。"多动症"儿童受到生理因素以及家庭教育环境的影响，学习成绩普遍较差，加上"多动症"学生常以"特异"的行为与老师唱反调，引起老师的关注和反感。在多次教育无果后，老师失去教育的耐心，采取忽视的态度对待"多动症"学生，并将其视为"问题"儿童，常批评和惩罚此类学生，挫伤其自尊心和自信心。个别学生将会习得老师的态度和行为，欺负、排斥、歧视甚至打骂"多动症"儿童。

学者们的研究表明，"多动症"儿童的破坏性行为和反常性行为是为了引起老师或他人对其的关注，是"多动症"儿童的沟通方式。此类行为的纠正，需要老师和家长耐心和细心的教导。

（三）朋辈层面

同伴关系是影响其环境适应的尤为重要的因素，在每个儿童的心里都有较强烈的同伴接纳愿望，但"多动症"儿童特殊的身份可能带来同伴群体融入的困难。在儿童成长过程中，儿童模仿成年人的行为习惯，结合时代环境的特征形成属于自己的朋辈亚文化。尤其在小学五六年级，儿童进入童年中后期，同伴关系成为儿童越来越重要的社会关系（张春妹等，2020）。儿童在同伴互动中获得良好的社会行为和群体归属感的同时，儿童的自我感增强，具有强烈排外性。因此，每个儿童都会选择与自己行为、性格、爱好相似的伙伴结交，形成多元化的团体。而在"正常的"儿童眼中，"多动症"儿童是"特殊的"和"与众不同的"，易受到同伴的排斥、嘲笑甚至歧视。对于朋辈群体长期的不接纳和不认可，"多动症"儿童将问题归结于自身，失去自信，未能正确认识自我和定位自我，社交受到影响，他们甚至封闭自己。因此，朋辈群体的认同和接纳是"多动症"儿童初期社会化的积极因素。

由此可见，长期受到家庭、学校及朋辈的忽视、责怪和歧视，假性"多动症"儿童逐步内化大众对其的看法，认为自己就是"有问题、不正常"的儿童，不受他人青睐和喜欢，产生自卑感，这不利于其自我认同感的建立，同时，也强化了其"我行我素行为"的想法。

同样，本文的案主因"调皮、不听话"让父母失落和无望，因成绩差、行为怪异被老师忽视和放弃，因"嘶吼、好动"的行为被同辈排斥与远离。社会支持系统的消极互动态度加重了其以"拍桌子、嘶吼"的交流方式与他人互动，情绪不易控制，案主被视为假性"多动症"儿童。

四 多元主体对话：叙事解构"多动症"儿童的"问题"故事

个人故事源于生活。社会生活在创造我们的同时，我们也在创造社会生活。"多动症"儿童的社会生活中，儿童不由自主地好动和情绪易怒的行为，被社会环境中的重要他人用语言和行为告知是"有问题"的，并不断强化"问题＝多动症儿童"的观念。可见，"多动症"儿童在社会生活中给了"问题"故事生命的同时，故事也给儿童以生命。首先，社会关系的漠视和疏离导致儿童用特异独行的行动叙事表现赢得他人的关注。其次，他人从儿童行动表达上断定儿童的非主流、非常态、怪异化，进而贴上"多动症"的标签，导致了关系的进一步疏离。最后，儿童的"多动症"表现进一步恶性循环，并继续将自己问题化。因此，这场循环的阻断需要通过多重主体、多层叙事的重构。

叙事是叙说故事的过程：从发生、叙述、改写到再叙述。在叙说故事的过程中，可以帮助叙说者从自己或他人的故事中发现自我，了解自我，还有助于改变原有的自我认识和消极的生活态度，并找到和建立更强大的自我力量。因此，在叙事治疗过程中，社工协助案主分析：故事是如何联系到一起的、占主导地位的观念是什么、故事中隐藏了什么让我们看不到的不同的故事（布朗、奥古斯塔－斯科特，2016）。

本文以假性"多动症"小 k 为个案，分析笔者在实践中运用叙事治疗模式，以故事叙说的方式协助案主分析"问题"故事的来源，外化问题，发现自我，寻找积极的故事主线和见证成长的过程。

（一）外化对话：解构"问题"故事，外化问题

1. 主流价值和话语体系与自我主体性的对话

案主小 k 的同伴对其拒而远之，社区家长要求孩子远离他，老师和家长对其教育摇头止步。是什么影响了同伴群体及家长乃至社会对案主小 k 的判

断和理解，又是谁将其标定为"不正常"的人、"坏小孩"、"问题"儿童？反观现实生活，现实是由语言构成的，并随着语言意义的变化而变化（余瑞萍，2015）。简言之，案主小k的"问题"故事由语言建构，其问题的根源在于社会主流文化对"多动症"儿童群体的影响。

首先，历史和社会对疾病的恐惧与污名化。在古典的理性文明时代，疯癫便一直在理性话语下活动，被理性建构出来，成为理性研究的对象，并被排除在理性的门槛外，当作"作品"欣赏（福柯，1999）。受传统文化的影响，疾病有时被曲解为道德的因果报应，人们忽视其本身存在的合理性，忽略"疾病"是人们自己给他人的标签和建构的结果，以致疾病被污名化，被视为"不正常"。为此，人们产生对"疾病"的恐惧和排斥，选择远离，实现自我保护。回归案例，社工在社区辅导站的观察中，了解到家长因小k的反常规行为将其定义为"不正常""疯疯癫癫"，担心自家孩子被同化而斥责案主远离自己的孩子。

其次，社会对精英人才教育的推崇。聪明伶俐、优秀的儿童容易获得家长、老师、同伴乃至社会的赞扬与喜爱，而学习成绩差、动作笨拙、有偏差行为的儿童容易被忽视和排斥，常受到他人的偏见，甚至被边缘化。回归案例，同龄群体会因案主小k的漏读、误读情况而组团取笑；案主小k不会因进步而获得老师的夸奖，但常因失误受到斥责。

同伴群体是儿童的重要关系，儿童对自我的认识来源于他人尤其是同伴群体的评价。小k的重要他人均视小k为特殊儿童，同伴嘲笑排斥，家长群体斥责和远离。久而久之，小k内化其"坏小孩""别人讨厌的小孩"的评价，不自觉地以"拍桌子、嘶吼"的行为来实现自我保护，获取老师短暂的关注和同学的"尊敬"。因此，在遇到同样的遭遇时，小k会采取同样的方式保护自我。

2. 问题与人的对决

外化对话的技术可以通过把问题对象化、具体化、物化，协助案主改变内化的理解，社工（治疗师）运用对象化问题的实践取代了文化实践中对人的对象化。外化对话能让人们体验到自己不是问题，问题成为问题本身，并不是这个人（怀特，2011）。社工遵循接纳、非批判和尊重的伦理原则，相信案主≠问题，尊重案主的个人习惯。

初期，社工借助四点半课堂课业辅导的方式与案主建立信任关系，在案主生活的场景和学习的环境中，关注案主小k与同伴群体相处的方式以及同伴群体对其的看法，评估案主的潜能。在老师和同伴的眼中，案主是"有问题的"，病理学上称为"多动症"。在长期的"有问题的小孩"的渲染下，案主逐渐内化了这一观点，认为"问题就是我，我就是问题"（佩恩，2012）。

社工通过问题外化技巧让案主认识到"多动症不是我"，引导案主以物化、对象化的方式将"多动、嘶吼的习惯"客体化。案主将其隐喻为"小魔鬼"，认为"小魔鬼"一直干扰案主的生活，当案主想要与他人交流时，"小魔鬼"总是不自觉地跳出来。在外化技术使用过程中，了解"小魔鬼"的来源和探讨对抗的方法。社工在探寻"小魔鬼"的来源时，发现案主处于弱势地位，缺乏话语权和表达想法的机会，在家中，父母和姐姐将一切错误归结于案主身上，在学校，老师的批评和忽视，同学们的嘲笑和排斥，强化了案主的"嘶吼、多动"行为。在外化和对抗"小魔鬼"的过程中，鼓励案主记录：当他想通过"嘶吼、多动"的行为来反抗他人的目光和行为时的想法和感觉。同时，鼓励案主想要做出"嘶吼、多动"的行为时，想想"小魔鬼来啦"，发挥自己的能力和使用自己的方法对抗它，并将对抗的行为记录下来。

外化对话片段：

社工：当你想要举手叫老师的时候，好像有个东西想要你"拍桌子或是大声叫老师"，一直困扰着你，让你有"拍桌子、大叫"的行为，我们一起来跟这个东西做斗争，我们要给它起名字，你觉得叫它什么呢？

小 k：嗯？……小魔鬼？

社工：我们就把"小魔鬼"当成很大声又拍桌子叫老师的小魔鬼，那你可不可以打败它？

小 k：可以。

社工：怎么打败它呢？

小 k：小魔鬼，你等一下先，等我慢慢收拾你。

……

社工：哦~如果小魔鬼天天烦你，那你要怎么办呢？

小 k：我就说"等一下，不可以吗？"会吵到别的同学（写作业）。

经过 3~4 次的访谈，案主意识到了问题的源头，重新定义自己与问题的关系，通过尊重双方话语权的方式，重新定位自己与别人之间的关系，在人际关系中理解自我认同感的重要性，积极寻找对抗"小魔鬼"的方法。其间，社工始终扮演着倾听者、引领者、"战"友、同行者等角色，将案主视为解决自己问题的专家。

（二）改写对话：重构故事，寻找积极故事主线

1. 服务对象与社工的对话

改写对话要求案主继续叙说其生活中的故事，同时，社工帮助案主察觉曾被忽视却非常有意义的事件或经历，这些事件和经历被称为"特殊事件"或"例外"，这些特殊事件或例外是改写对话的起点（怀特，2011），要求社工在与案主叙事对话的过程中，有意识地发现案主"问题"故事的新支线，为其生活的全新诠释提供了切入点。

改写对话片段：

社工：今天，看到你有进步哦，又会自己算数，又会自己找到正确答案哦，你觉得自己有没有进步呀？

小 k：有呀（开心）。

社工：接近期末了，辅导的老师过来辅导的次数会减少，那你自己要怎么办呀？（自己要怎么完成作业）

小 k：自己复习，不懂了就问姐姐。在家里，经常有不懂的就会问姐姐。

社工：嗯嗯，平时都是跟姐姐一起写作业吗？

小 k：是呀，我姐姐还会做饭给我吃呢。有时她没空买菜的话，会叫我路过市场买回来呢。

社工：哇，你好棒呀，都学会自己买菜啦。

……

社工：自己复习，那不懂的除了问姐姐还可以问谁呢？

小 k：问妈妈。

社工：还可以问谁呢？

小 k：问老师、同学。

社工：嗯嗯，对呀，姐姐看到你今天心平气和地问了同学，她也

很平和地跟你说了。

社工鼓励案主追溯过去的生活故事，充分运用想象力，利用有意义的资源来展开故事情节。在叙事过程中，案主在社工的引领下，开始对生活中和人际关系中曾被忽视和遗忘的部分故事支线产生好奇心，并激发探寻的动力和勇气。案主小 k 描述被朋辈群体欺负的情景，意识到与同学相处困难，但描述与姐姐相处时，小 k 露出笑容。这就是小 k 生命故事里的"例外人物"，她给小 k 的灰暗生活带来一丝光明。对话围绕着积极的一面展开，发现小 k 在缺乏父母管教和同辈的排斥下，学会照顾自己，能够独自上下学、买菜，在姐姐的指引下按时完成作业，尽其所能完成家务。没有对生活失去希望，希望结交好朋友，这是小 k 坚强和独立的一面。随着对话的进展，潜在的支线故事情节变得丰富和有意义。案主在对话中，发现不一样的自己。其间，社工扮演同行者、引导者、倡导者的角色。

2. 内心与行为的对话

在改写对话环节，社工与案主一同寻找和探索与原认知相反的故事发展路线，对内心原有的消极自我认同提出质疑，如经过 1 次家访和 2~3 次访谈，案主小 k 发现自己并不是最糟糕的孩子，他的生活中有姐姐的关心、照顾和爱护。推翻原有"无人关心"的认识，改变自卑的心理。社工通过"角色扮演"的环节，让案主小 k 体会到"嘶吼、拍桌子"行为的感受和影响，慢慢纠正"错误的"交友方式。从内心认识错误，用行动纠正偏差行为，获得新的故事情节。如案主小 k 主动与同学交流，并相处融洽，辅导老师放下对其的偏见，耐心指导作业。小 k 第一次意识到，不需要嘶吼和多动就能够解决问题。其间，社工借助语言，不断挖掘案主积极的故事经历，重塑和巩固案主的积极想法，协助其找回自信和快乐，增强自我认同感。

角色扮演片段：

社工：作为小老师你听到这样的话（大吼大叫）的时候，你的心情是怎样的？

小 k：心情不好。

社工：可是为什么觉得心情不好呢？

小 k：是因为老师在教别人。（低头思考，语气较为平和）

社工：因为打扰到别人了，是吗？

（案主点头……）

总之，在改写对话环节，社工注重发掘案主潜能，遵循儿童发展规律，协助案主重构其生命故事，将故事的主线往积极、阳光、快乐的方向引导。

(三) 重塑对话：见证自我成长

1. 服务对象的自我对话

重塑对话是指社工有目的地重塑案主生活中的重要他人的关系的历史，重塑案主对当前的生活和对未来生活的投射的认识和规划。善用信本和画本的叙事工具，社会工作者邀请案主给自己写信，写下自己的成长故事（李昀鋆，2014）。案主记录成长故事的过程也是自我反思和自我对话的过程。文本使得案主的成长经历可视化和可计量。在实践中，社工引领案主小k记录对抗"小魔鬼"的过程和获得的成效，并选择一个喜欢的人或物或曾经对其产生积极影响的人物或动画。案主的最大困境是人际关系，首先是父母的关心和温暖，其次是老师和同学的接纳。小k将学习榜样隐喻为喜羊羊，原因在于喜羊羊拥有许多好朋友，并勇敢地对抗灰太狼，在团结的力量下都能化险为夷，案主小k希望像喜羊羊一样，对抗"小魔鬼"，改变自己，结交好朋友。最后，根据案主小k绘画的兴趣，画一幅画，证明案主成长的过程，给予案主鼓励，增强案主改变的信心和动力。

2. 服务对象与重要他人的对话

进入服务的结束阶段，社工与案主一起策划告别仪式环节，仪式是见证的一种方法（杨世欣，2013），通过邀请案主社会支持系统中重要的支持成员一同来见证新的故事的诞生，可以让案主更真实地感受到改变的成功。可见，见证人团队不仅是一支支持性的团队，也具有治疗性作用（李昀鋆，2014）。在见证环节，社工扮演资源链接者和经纪人的角色，邀请案主小k的重要他人（姐姐、父母、同学）一起见证案主的成长历程：告别"小魔鬼"的困扰，获得同伴群体的接纳。以仪式的行为正式宣告案主对抗"小魔鬼"的胜利，见证案主成长，借此减少他人对案主的偏见，促进案主人际关系的发展。

由此可见，在叙事治疗中应用一些文件及仪式来共同见证来访者的改变和成长，不仅有利于问题叙事的解构，更能丰富和发展新的人生故事（杨世欣，2013）。

五　结论与反思

（一）结论

1. 叙事重构的系统性路径

（1）多主体：社会生态系统中的多主体与案主的建构式对话

人并非孤立生存，而是与社会环境互动才能产生多元化的故事。案主的多支线故事同样在社会环境的互动中形成。一是"问题"故事，在案主的外部社会环境（如学校、同伴群体及家长、社区等）和内部家庭环境（父母、姐姐）与案主的言语交流和行为互动中相互建构而成。二是积极故事，案主在社工的帮助下，通过叙事外化对话中寻找的特别故事，并与社会支持系统反复对话重塑而成。因此，根据人在情境中的理念，对案主及问题的全面了解，需了解案主的对话主体：案主与自身、案主与社会工作者、案主与社会支持系统等。

（2）多阶段：从建构到解构再到重构的阶段发展路径

案主从问题内化到问题外化过程历经五个阶段：偏离阶段、恶化阶段、剥离阶段、对话阶段、重构阶段。

第一，偏离阶段。案主在与社会环境互动中感知环境对其的评价和定义，获取消极的自我认识：我是坏小孩吗？一是父母的忙碌和简单的教育方式，忽视了对案主情感上的关怀和内心的关注，对案主以"哭闹、打闹"的错误方法解决问题的"纵容"，父母以儿童"闹性"为由屈服并满足其"需求"。二是案主将已习得的行为互动方式在与同伴和老师互动中充分展现，受到同伴群体的异化评价，如"坏小孩"。三是读写能力和成绩的劣势使老师在教育上忽视案主，使案主成为学校的差生。

第二，恶化阶段。内化消极自我认同，我就是坏小孩，"多动症"的特殊儿童就是我。同伴群体的歧视取笑与远离排斥和老师的忽视与偏见以及父母的失望和不断斥责加剧了案主的消极认同，破罐子破摔，以"嘶吼、拍桌子"行为作为与他人互动的方式，"博取"他人的关注和关心。

第三，剥离阶段。明确人与问题的关系，我≠问题。叙事治疗者认为人不是问题，问题本身才是问题，问题的产生来源于人与环境的互动。社工通过问题外化的技巧将案主与问题——"小魔鬼"剥离，重新对自我进行探索式的积极定义。

第四，对话阶段。自我对话，寻找闪光点，摸索生活故事中的例外。案主在与"小魔鬼"抗战中纠正错误行为，重新定义和认识自我。

第五，重构阶段。见证自我成长，获取他人认可。通过仪式，邀请案主社会支持系统中的组成人员见证案主的成长，改变原有的错误认识，是一个双重重构的过程。

2. 透过行为表象识别儿童内心情感的需求

根据布迪厄的"惯习"概念，社会成员在日常生活中通过不断参与社会实践，获得观察事物的能力和处理问题的方法。而在儿童世界里，儿童并非僵硬地内化其社会环境的文化及规则，而是在模仿社会行为的基础上改变社会的处理方式形成属于自己的朋辈亚文化（薛素珍、柳林，1985）。成年人往往根据自身的生活经验对"多动症"儿童的行为进行评判，忽视了影响儿童"好动"的多样化因素。事实上，存在部分"好动"的儿童为了吸引家长、老师或同伴群体的关注，以"特殊的"方式向对方"示好"，忽略了其"示好"的方式是否符合社会的行为标准。这种行为倾向和惯习在"多动症"儿童的社会互动活动中习得和验证，因此，"多动症"儿童乃至其他偏差行为儿童以他们的行为"惯习"来维护其在生活中的个人自我感和社会地位。为此，面对"多动症"儿童或有偏差行为的儿童时，我们应打破惯习，以儿童的思维来思考其行为的表达，识别其内在想法。简言之，"多动症"儿童的社会支持系统中的重要他人要重视儿童的心理活动，满足儿童的心理和社交需求，使其更好地融入同伴群体和社会生活。

3. 叙事疗法促进"多动症"儿童重建自我认同

"多动症"儿童在现实生活中属于弱势者，其生活圈子有家庭、学校、朋辈。在家庭中接受父母言传身教的感染，在学校里接受知识的熏陶和朋辈亚文化的渲染。但"多动症"儿童社会环境并不友好，常受到欺负、排斥甚至歧视。久而久之，"多动症"儿童内化大家对其的看法和社会文化现象，认为"问题就是我，我就是问题"，即形成"个体＝问题"的消极认同。因此，社工运用叙事治疗模式，采用问题外化技术，解构问题、重构故事和建构新的外环境。在叙事治疗中，社工始终认为"问题就是问题本身，不是人"，即问题≠个人，并运用外化的技术，通过拟人化的比喻，了解案主对生活或自我认同或问题的理解，同时，协助案主探寻被忽视的特殊的、例外的事件。社工在了解其行动蓝图的过程中，有意识地挖掘案主的意识蓝图，发现积极的事件，改变故事线，从而改变案主的生活态度。

在重塑对话环节，继续加深案主积极的身份认同。总之，儿童社会工作运用叙事治疗模式帮助案主走出问题困境，增强自我认同感和自信心，发现自我优势，做一个易于相处、独立自主的人。

（二）不足及展望

本研究运用叙事治疗服务于"多动症"儿童，虽有一定效果，但也存在不足之处。首先，在实践中，对于案主的叙事干预居多，忽视了对案主社会环境的干预。其次，在案例评估方面，案例缺乏前后测等量表数据的支持。最后，由于地域限制，结案回访工作缺失，对于案主的亲子关系的变化及案主的持续性影响有待考证。希望今后的研究，直接叙事与间接叙事相结合，重视间接叙事干预，即动员儿童社会化环境的重要主体与儿童互动，将其作为促进儿童改变的叙事重点。同时重视叙事效果的数据收集和论证，以及个案后期的跟踪服务，了解服务的成效与不足。

参考文献

白春玉、张迪、周红、刘新月，2006，《沈阳市学龄儿童行为问题与家庭环境的相关分析》，《中国学校卫生》第12期。

陈朵多，2015，《多动症儿童亲子关系的个案介入》，硕士学位论文，华东理工大学。

程瑾涛、刘世生，2012，《作为叙事治疗的隐喻——以〈简·爱〉为例》，《外语教学》第1期。

董振银、郭宇，2014，《1例不进食患儿的儿童叙事心理治疗》，《中国儿童保健杂志》第12期。

福柯，1999，《疯癫与文明》，刘北成、杨远婴译，北京：生活·读书·新知三联书店。

宫远超，2020，《农村留守儿童孤独感的叙事疗法介入——以通辽市G校为例》，硕士学位论文，吉林大学。

韩俊红，2012，《从越轨行为到医学问题：多动症问题与医学化研究》，《广西民族大学学报》（哲学社会科学版）第2期。

黄晖，2010，《疯癫的沉默与理性的独白——解读福柯的〈疯癫与文明〉》，《法国研究》第1期。

卡特里娜·布朗、托德·奥古斯塔-斯科特，2016，《叙事疗法》，方双虎、方红等译，北京：中国人民大学出版社。

李晓凤，2009，《问题流浪儿童的生活经验叙述对政策和服务的启示》，《理论与改革》第2期。

李昀鋆，2014，《中国社会工作情境下叙事治疗的理论技术应用及其可推广性研究》，《社会工作》第 4 期。

马良，2017，《个案工作介入多动症儿童康复实务探究》，硕士学位论文，郑州大学。

迈克尔·怀特，2011，《叙事疗法实践地图》，李明、党静雯、曹杏娥译，重庆：重庆大学出版社。

佩恩，2012，《叙事疗法》，曾立芳译，北京：中国轻工业出版社。

钱奉励，2018，《"故事"的魅力——运用叙事疗法辅导多动症儿童的个案研究》，《中小学德育》第 8 期。

尚发超，2017，《叙事家庭治疗在城镇留守儿童厌学问题中的应用研究——以 H 儿童为个案》，硕士学位论文，井冈山大学。

汤素素，2011，《注意力缺陷多动障碍儿童康复中行为矫正技术的应用》，《社会工作》（学术版）第 12 期。

王秋香，2015，《生态学视角下农村留守儿童社会化的三重维度》，《江西社会科学》第 12 期。

王欣欣，2018，《青少年个案社会工作案例分析——以多动症儿童辛某为例》，《劳动保障世界》第 23 期。

White, Michael & David Epston, 2013，《故事、知识、权力：叙事治疗的力量》，廖世德译，上海：华东理工大学出版社。

薛素珍、柳林，1985，《儿童社会学》，济南：山东人民出版社。

杨爱，2017，《"四位一体"服务模式介入初中生多动症研究——以合肥市 GS 学校为例》，硕士学位论文，安徽大学。

杨世欣，2013，《叙事疗法：话语下绽放的叙事自我》，《漳州师范学院学报》（哲学社会科学版）第 4 期。

尤舒睿，2014，《心理咨询工作方法在个案社会工作中的运用——以叙事疗法为例》，《学理论》第 10 期。

余瑞萍，2015，《叙事治疗方法在社会工作实习督导过程中的运用》，《社会福利》（理论版）第 4 期。

张春妹、丁一鸣、陈雪、周长新，2020，《同伴接纳与流动儿童外化问题行为的关系：自尊和物质主义的链式中介作用》，《中国特殊教育》第 1 期。

张迪、白春玉、刘番、周芳，2004，《儿童行为问题与家庭环境的相关分析》，《中国学校卫生》第 6 期。

张军、王进文，2016，《农村留守儿童问题的社会工作介入研究——基于关系为本的实务视角》，《天津行政学院学报》第 5 期。

张晓静、梅竹，2020，《社会工作介入血液肿瘤患儿生命的实践：叙事治疗视角》，《中国医学伦理学》第 1 期。

赵琳，2017，《认知行为治疗模式介入多动症儿童行为偏差研究——以南京市 C 小学多动症儿童 L 为例》，硕士学位论文，南京农业大学。

赵玲娟，2018，《儿童图画故事书叙事问题研究》，硕士学位论文，陕西师范大学。

赵亚丽，2015，《当"好动"遭遇"外化"——叙事疗法干预好动学生的案例研究》，《中小学德育》第 10 期。

钟江林，2019，《重构生命故事：当"多动症"遇上"叙事疗法"》，《福建教育》第 25 期。

周晓春、侯欣、王渭巍，2020，《生态系统视角下的流动儿童抗逆力提升研究》，《中国青年社会科学》第 2 期。

【儿童社会工作研究】

全面二孩政策下大孩角色社会化研究

任秋梦　范明林[*]

摘　要　本文基于角色社会化理论，研究大孩对二孩的接受现状，即在角色认知与定位以及角色实践等方面"大孩"角色社会化过程。大孩情感类型背后的认知，导致大孩出现相对应的角色定位，随后大孩会采取相应的角色实践，从而产生相应的认知与情感。大孩在角色社会化过程中存在由大孩自身、二胎家庭因素引发的适应困境，不良社会环境加重大孩抵触心理等问题。研究发现，大孩角色适应分为三个阶段，其中二孩出生1~3年是大孩角色适应问题发生的爆发期；家庭因素是大孩角色适应的关键；高期望导致大孩角色适应缺乏信心，社会上很少有人关注到二胎对大孩的负面影响。最后，本研究结合社会工作专业方法，提出服务设想。

关键词　全面二孩政策　大孩　角色社会化

一　问题的提出

2015年10月，《中国共产党第十八届中央委员会第五次全体会议公报》

---

[*] 任秋梦，上海大学社会学院博士研究生，主要研究方向为家庭社会工作、城市贫困等；范明林，上海大学社会学院教授，主要研究方向为城市贫困家庭、社会工作实务等。

指出："坚持计划生育基本国策，积极开展应对人口老龄化行动，实施全面二孩政策。"受政策效应影响，2016 年我国二孩出生数量大幅上升，明显高于"十二五"时期平均水平。2017 年二孩数量进一步上升至 883 万人，比 2016 年增加了 162 万人，二孩占全部出生人口的比重为 51.2%，比 2016 年提高了 11 个百分点（李希如，2017）。2018 年我国出生人口和出生率比 2017 年有所下降，但是出生人口中二孩及以上出生人数和比重也明显高于一孩（李希如，2019），2019 年二孩出生人数为 835 万人，占出生人口的比例为 57%（赵觉理，2020），2020 年二孩占出生人口的比例为 50%（见图 1）。2021 年 5 月 31 日，中共中央政治局召开会议，审议《中共中央国务院关于优化生育政策促进人口长期均衡发展的决定》并指出，为进一步优化生育政策，实施一对夫妻可以生育三个子女政策及配套支持措施。三孩政策的落地势必会促进我国人口的均衡发展，但由于经济、家庭、社会等多方面原因，绝大部分家庭对二孩、三孩的生养产生畏难情绪，尤其是大孩适应问题，已成为父母最为棘手的问题之一，需要引起全社会广泛关注。

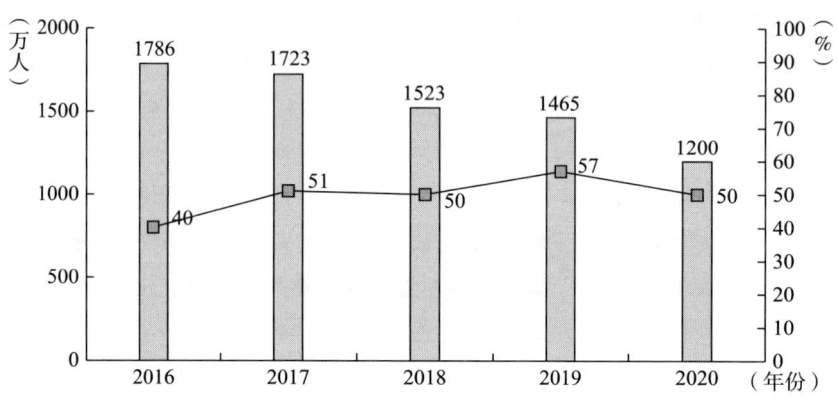

图 1　2016~2020 年中国出生人口数量及二孩比例
资料来源：根据国家统计局数据及公开资料绘制。

二孩出生使家庭关系和家庭生活再次重组，有了弟弟或者妹妹，原来的独生子女转变为非独生子女。这种突然间的转变会使大孩在成长过程中产生一些生理和心理上的不适。2015 年 2 月 3 日，腾讯发布了一条新闻：44 岁的肖女士经过不懈努力，如愿怀上二胎，但 13 岁的女儿一百个不愿意，以逃学、离家出走、跳楼相威胁，在女儿尝试割腕后，怀孕 13 周的肖女士只能打掉孩子；为生二胎，一对安徽的父母被迫在保证书上签字，给大女儿承诺"我保证永远第一喜欢我家某某（头胎）"；沈阳的一对夫妻自从有了二胎，大女儿便赖在奶奶家半年不肯回家，改口管奶奶叫妈妈……类似的新闻层出不穷，大多数家长表示孩子对于自己生二胎的抵抗心理无法理解。基于以上背景，本文主要研究两方面的问题：（1）二孩降临前后，大孩对二孩在认知、行为上有什么变化？（2）基于角色社会化理论视角如何分析大孩对二孩的态度与行为？本研究希望能从角色社会化理论视角出发，探析大孩角色转换后的态度和行为变化，以及出现的适应性结果，探讨不同适应结果的原因，为此提出相关建议，以期为有效推动和落实三孩政策及配套支持措施提供参考。

笔者将大孩年龄大于等于二孩五岁作为选取标准，最终确定9个大孩和13位家长做深度访谈并进行非参与观察（部分家长与大孩来自同一个家庭）。笔者采用无结构式访谈法，向二胎家庭中的父母了解大孩在二孩出生后的生活、情绪、行为变化以及大孩对二孩的态度和行为表现。通过和大孩的谈话，了解大孩在二孩出生后，在心理、行为上的变化，由此来了解大孩对二孩的态度。与此同时，笔者在上门访谈与举办活动期间，作为旁观者观察父母与大孩的交流互动方式、大孩与二孩的相处状态，了解大孩与父母的互动模式以及大孩是否接受二孩。

二 文献回顾与理论视角

本文探讨的主题国内外仅有为数不多的相关研究，主要涉及头胎儿童的心理和行为、独生子女等议题。

（一）文献综述

1. 国内外对头胎儿童心理及行为的研究

国内外关于头胎儿童心理及行为的研究主要有三个方面，伴随新同胞出生，第一个方面是关于二孩的出生会给大孩带来消极影响的研究，第二个方面是关于二孩的出生会给大孩带来积极影响的研究，第三个方面是关于头胎儿童在向同胞关系过渡时出现生理和心理问题影响因素的研究。

第一个方面将二孩的出生作为压力生活事件，会给家庭和大孩带来心理压力，对大孩产生消极的生理和心理影响，以致大孩出现异常行为。Stewart（1990）认为不安、嫉妒、与同胞竞争等心理是儿童同胞关系中比较常见的状态。曾波（2017）研究发现随着二孩的出生，大孩会出现同胞竞争障碍，表现出嫉妒和争宠的行为，并且这种竞争和嫉妒会持续很长时间。大孩在角色转变过程中会突然表现出更多的消极情绪，表现出对一些人和事情的不满，变得更加敏感（Gottlieb & Mendelson, 1990），且伴随着二孩的出生，大孩的不安全依恋水平会提高，亲子关系会变得紧张，甚至出现冲突（Teti et al., 1996），并且经常会出现黏人、注意力不集中、睡眠障碍等问题（Field & Reite, 1984）。还有研究发现，伴随着二胎的出生，头胎儿童会在生活中变得对母亲更加依赖，并采用哭泣、顽皮、自言自语的方式来吸引父母的注意（Dunn et al., 2010）。陈小燕（2017）研究表明大孩有了弟弟妹妹后，会变得非常暴躁，会出现对一些人和事情的敏感，变得易怒、具有攻击性，经常出现吼叫、摔东西等行为。第二个方面认为二孩的出生对大孩有着积极的影响。有研究发现，随着二胎的出生，头胎儿童的语言水平有着较高的提升，大孩的表达能力会有所提高（Dunn & Kendrick, 1982）；又如，在大孩角色社会化的过程中，头胎儿童在吃饭、卫生、乘坐公共交通工具等日常生活技能上有着较大的提升，其独立能力有着很大的提高（Trause et al., 1981）。部分学者探究了影响大孩心理及行为因素的研究，陈斌斌等（2016）研究了头胎儿童在向同胞关系过渡时的生理和心理变化及其影响因素。李小蒙（2019）认为伴随着二孩的出生，大孩会表现出一系列心理与行为问题，并得出影响学龄前头胎儿童遭遇上述心理困境的因素包括儿童自身、家庭、社会和园所四个方面。王苗等（2019）认为头胎儿童与独生儿童的心理行为问题没有差别，但是和谐的同胞关系、家长良好的情绪、适宜的抚养方式和健全的家庭功能可以减少儿童心理行为问题的发生，并发现同胞年龄差越小，同胞间的亲密行为、竞争行为和冲突行为越多。周梦婷（2019）认为头胎儿童的异常变化受到儿童自身的气质、共情能力、年龄、性别等个人因素影响；同时也受到家庭教养方式、父母婚姻质量、亲子关系、家庭结构等诸多因素影响。

2. 国内外关于独生子女的相关研究

国内外学者对于独生子女的研究主要有以下三个方面；第一，认为独生子女具有资源优势，有利于其成长与发展；第二，认为独生子女本身存在问题与缺陷；第三，一部分学者对独生子女的个性特征、人格特点、心理及行为以及独生子女家庭教养方式进行有关研究。

博汉农（1898，转引自郑安会等，2009）在研究中发现，独生子女具有温和、正直、善良、宽容等优点，其资源优势为其成长创建了良好的环境，使得其汲取资源，茁壮成长。Polit 和 Falbo（1987）发现独生子女具有较强的自主性、控制力，并且其心理比较成熟，具有很强的责任心，而且有非常强的执行能力。Goodenough 和 Leahy（1927）认为"独生子女本身就是一种疾病"，自此"孤僻""自私""不合群"等贬义词一度成为西方社会独生子女的代名词。肖福兰、张其博（1982）研究表明"独生子女中具有任性、胆小、挑食、挑穿等不良性格和行为习惯的比例均高于双子女和多子女"。陈默（2015）对都市独生子女的特性进行分析，指出独生子女的压力比较大，尤其是进入青春期后的孩子尤为明显。风笑天（2000）认为"懒惰"是在性格及行为特征方面独生子女青少年明显不及非独生子女的弱点，此外"动手能力差""责任心差"也是其弱于非独生子女的方面。在社会交往方面独生子女青少年的能力更强，发展得比同龄非独生子女更好。樊林峰、俞国良（2019）以独生子女群体心理健康相关研究为基础，系统梳理了该群体心理健康问题的表现特点，即生理-心理问题、人格障碍问题以及人际关系问题等，并从环境因素和家庭教养方式两个方面分析独生子女群体心理健康问题形成的原因，最后提出预防和教育干预措施。

综上所述，国内外学者对于头胎儿童或独生子女问题的研究较多，有关独生子女对二孩的接受研究比较少，我国三十几年的独生子女政策结束，全面二孩政策开放，独生子女的心理或行为会表现出明显的变化，这时总结出大孩的接受现状，其作为"哥哥姐姐"的角色社会化过程以及影响因素，对于大孩顺利接纳二孩尤为重要。

（二）角色社会化理论

角色本指戏剧中的人物，米德将角色引入社会心理学领域，将角色与互动结合在一起来探讨社会化行为。米德认为"社会角色的形成就是个体形成和发展角色扮演能力的过程。因此角色的形成过程也就是心灵与自我的形成过程"（郑杭生，2003）。美国社会学家 S. 萨金特首次将"角色"概念与人的社会化联系起来，他认为角色担当是社会化的本质，角色在扮演过程中，通过不断学习来完成社会化的过程（参见黄育馥，1986）。角色社会化的过程并非一个被动的过程，而是一个主动的过程，角色担当者在角色社会化的过程中不仅需要了解自己所处的地位，同时还要明确外界对这一角色所期望的样子，并在角色社会化中完成本属于自己的义务，以平衡整个社会结构。阿尔伯特·班杜拉（1995）认为角色创造的过程通常有三个阶段：角色认知阶段、角色领悟阶段和角色实践阶段。众所周知，我们每个人在社会中所扮演的角色不是一成不变的，当旧角色和新角色发生转变时，两个角色之间会存在一定的矛盾，并引发一定的问题，出现角色偏差、角色冲突、角色模糊、角色中断和角色失败等类型（郑杭生，2000）。角色扮演者为了能够更好地展示所需扮演的角色，一般会努力去了解其他人对这一角色有哪些要求和期望，如伴随着二孩的出生，大孩角色发生转变，这时，他们需要明确其他人对自己角色期望的程度，了解社会他人希望自己是一个什么样的社会角色，同时要深化属于大孩的角色规范，明确作为"大孩"角色的行为规范。本文中大孩的角色社会化，是指大孩在成为"大孩"这个角色的过程中，对此角色的认知、学习和扮演的过程，其对二孩的接受过程，其实就是角色社会化过程，是不断习得角色规范，不断适应角色期待要求的过程。

三 大孩的社会角色认知、定位及行为

大孩的角色认知与定位，是大孩对社会、家人以及二孩角色期待的认识、理解并进行自我定位的过程。本文中大孩的角色认知，主要是大孩在二孩出生前后对二孩的态度和情感表现。大孩通过对角色期待的认知，以及与其他人员的互动，形成角色定位。在经过角色认知和角色定位之后，大孩将进入角色实践阶段，也就是角色社会化的重要一环，可以表现为大孩接受二孩与否的具体行为。

（一）角色认知下大孩的情感类型和角色定位

1. 角色认知下大孩的情感类型分析

通过对访谈资料的分析和梳理，发现大孩对二孩的态度与情感可以划分为以下三种类型，即欢喜型、转变型和抵触型。

（1）"欢喜型"的大孩角色认知分析

"欢喜型"的大孩，是指他们在得知母亲怀有二胎时以及二胎落地后都表现得十分欢喜。当父母告知大孩他将会有个弟弟或妹妹时，大孩会表现得很开心，满是期待与欢喜，他们在孕期帮助照顾妈妈，陪妈妈体检，给肚子里的弟弟妹妹讲故事，用积极的心态来迎接二孩，二孩出生后，他们甚至比父母还要兴奋。

> 怀孕这个过程，他一直陪着我。他会跟我一起看怀孕的书，陪我去产检，然后跟他妹妹讲话什么的，参与度很高。从最开始还没有怀孕的时候，或者之后他都很开心。（摘自 P3 的访谈记录）

> 她还在肚子里时，我喜欢摸摸她。然后会跟她说话，说"你好小宝，我是姐姐"，后来，我喜欢经常和她一起玩。（摘自 C3 的访谈记录）

（注：P 代表父母，C 代表大孩，但 P3 与 C3 不是一家，下同）

"欢喜型"大孩表现出以上态度和行为，他们从听到将有弟弟妹妹到来开始，一直都怀有正向的态度和行为，他们满心欢喜期待二孩的降临，憧憬有弟弟妹妹的未来，对二孩充满好奇与喜爱，他们认为弟弟妹妹将会"陪伴自己玩耍"，并"任自己领导"，他们积极帮助母亲给二孩创建出生环境。

（2）"转变型"的大孩角色认知分析

"转变型"的大孩有三种类型，分别为从平静变为喜欢、从不喜欢变为喜欢和从喜欢变为紧张三种类型。"转变型"大孩对二孩的接受态度有所转变，从平静变为喜欢或从不喜欢变为喜欢，此两种类型的大孩对于二孩的态度是向正向态度发展的；另一种是从喜欢变为紧张，此类型的大孩对于二孩的态度是向负向态度发展的。

> 当时告诉老大，他是比较平静的，也比较接受。妹妹出生后，他很开心，特别是妹妹几个月的时候，每天回来亲妹妹，就是狂亲那种。（摘自 P1 的访谈记录）

> 计划要二孩之前，我们给老大说了，他开始很开心，但妹妹生下来后，他会在妹妹哭的时候，反映太吵了，会觉得妹妹捣乱，会训斥妹妹。（摘自 P10 的访谈记录）

P1 中的大孩，因为自身是男孩子，比较内向，八岁已经属于懂事的孩子了，当他听到将会有弟弟妹妹时，表现出男孩子的冷静，没有特别开心，也没有很失望，更没有排斥与紧张，比较淡然，但是随着妹妹的出生，面对鲜活的小生命，他由衷地表现出喜爱。而 P10 中的大孩年龄较小，由开始的喜欢转变为紧张，变得脾气暴躁。"转变型"的情感态度会随着其认知的变化而改变。

（3）"抵触型"的大孩角色认知分析

一部分大孩，在刚听到自己将有弟弟或者妹妹时，就表现出抵触心理，他们会觉得"为什么生了我，还要其他的孩子，难道是我不够优秀吗？"又或者是有的孩子怕弟弟或者妹妹出生后，"抢占"了自己在家里的"地位"，父母会不喜欢自己了。

> 老二生出来以后，老大来看了以后，她当场就哭了，她觉得爸爸妈妈不爱她了。一年之内非常抵触，目前还在说，如果再给我选择，我宁可选择一条狗，也不选择她（妹妹）！（摘自 P6 的访谈记录）

P6 中的大孩跟妹妹相隔 11 岁，从小作为独生子女的她突然有了妹妹，而且妹妹是比较讨人喜欢的，导致大孩一直都处于抵触的状态。

2. 角色认知下大孩的情感类型和角色定位关系分析

大孩不同的认知和情感类型，导致其出现相对应的角色定位，大孩角色定位后，又产生相应的认知与情感。欢喜型、转变型、抵触型的情感类型使大孩产生了相应的四种角色定位，即领导者、照顾者、争宠者以及陪伴者。

（1）领导者的角色

此类型大孩觉得自己比弟弟妹妹大，将自己定位为领导者的角色，会在日常生活中管束弟弟妹妹，扮演"父母"让弟弟妹妹变得听话。

> 她对弟弟有时候蛮凶的，她管弟弟读书，好像是作为老大应有的样子，帮我一起管他（老二）。（摘自 G7 的访谈记录）

> 有个弟弟他可以领导一下，他还是蛮开心的，他会指挥弟弟去干这干那的，弟弟也没啥意见，玩得笑呵呵的。（摘自 P4 的访谈记录）

（注：G 代表祖父母和外祖父母，下同）

由此看出，此类型的大孩将自己的角色定位为领导者，一部分原因是他们喜欢领导弟弟妹妹，另一部分原因是他们认为这样子可以显示他（她）作为老大的"威严"，让自己具有成就感，展现出其欢喜型的情感类型。

（2）照顾者的角色

此类型的大孩将自己定位为照顾者的角色，他们心思细腻，比较细心和有耐心，把二孩当作需要照顾的对象，并希望自己有一个乖顺、听话的弟弟或妹妹。

> 我可以给她穿衣服，给她梳辫子，给她打扮，然后我还给她讲故事。（摘自 C4 的访谈记录）

访谈对象 C4 与妹妹相隔 5 岁，是一个比较乖巧听话的孩子，又是女孩，所以心思比较细腻，她将自己定位成照顾者的角色。而且她想要的是个妹妹，妹妹出生后，她就一直作为照顾者的角色爱护妹妹，表现了其对二孩的喜欢。

（3）争宠者的角色

很多大孩，在妈妈怀二胎时，会觉得自己的爱将会被分享，属于自己的东西也会被分享，他们将二宝看作"侵略者"，他们会有一种争宠的强烈欲望，时刻保护自己的"领地"。

> 妹妹生出来之后，他会说妈妈我要和你一起睡，让妹妹和奶奶睡。还有个事情很神奇，之前我下班的时候，我儿子会喊妈妈，他不会出门，自从妹妹会跑，我一回来的时候，我儿子会比妹妹跑得快，跑到我怀里。（摘自 P10 的访谈记录）

这类大孩将自己定义为要和二孩争宠、争地位的人，在二孩出生前或者出生后，大孩意识到自己的关注度被人一点点抢夺走，他们会表现出事事跟二孩争抢的态度与行为。

（4）陪伴者的角色

此类型的大孩将自己定位为弟弟或妹妹的玩伴与陪伴者，这种定位一部分来自对父母、亲人期望的认知，一部分来自电视剧、动画片，这种定位的大孩，会将弟弟妹妹看成同龄的玩伴，或者陪伴自己一起长大的小伙伴。

> 他看巧虎动画片，很久以前就说妈妈你给我生个小花妹妹，他觉

得妹妹就是他的玩具似的，反正他觉得跟动画片里巧虎的小花妹妹一样，就是他的玩伴玩具。（摘自 P5 的访谈记录）

因为我觉得她会很可爱，然后她长大后会陪我玩，她现在一岁多，她会跟我玩很傻的游戏。（摘自 C3 的访谈记录）

P5 中的大孩因为一部动画片中的人物，期望妈妈给自己生个妹妹，他将自己定位为陪伴者，认为自己和弟弟妹妹是相互陪伴玩耍的。同样 C3 认为二孩会很可爱，长大了会陪她一起玩。他们通过对外界角色期待的理解，将自己定位为陪伴者的角色。

（二）角色认知下大孩的角色实践

前面已经分析了大孩的三种认知与四种定位类型，在这个过程中，大孩会采取相应的角色实践，本文将角色实践具体化为大孩是否接受弟弟或妹妹的行为表现，这些行为经研究发现，分为角色适应、角色不清与角色冲突等。由于篇幅有限，本文着重讨论角色适应与角色冲突。

1. 大孩的角色适应行为类型

角色适应，是指二孩的出生给大孩带来正向的影响，通过对访谈资料的分析和梳理，发现大孩接受二孩的行为可以划分为以下两种类型，即活泼开朗型和乖巧型。伴随着二孩的出生，有的大孩变得活泼、开朗，有的会收敛顽皮的性格，变得乖巧，同时他们很顺利地适应大孩角色。

（1）活泼开朗型

随着二孩的出生，这种类型的大孩变得开朗很多，之前大孩是性格比较内向的孩子，但是二孩的到来让他觉得有了一个"玩伴"，有了一个"自己可以领导"的人，他会愿意主动和别人打招呼、交谈，也因为有的二孩比较活泼，把大孩带得开朗了很多。

我觉得我们家二宝的出生让姐姐变得更开朗了，以前姐姐整天不出门，很内向，不爱说话，现在变了很多，她会经常跟弟弟说话，幼儿园老师也说，我们家孩子现在开朗了很多，包括她来参加活动，还会和别人说话，以前不敢的。（摘自 P9 的访谈记录）

P9 家的大孩是个腼腆内向的孩子，随着二孩的出生，大孩感觉自己有了玩伴，觉得自己多了一份力量与勇气，对弟弟的爱转移到她对周围环境的重新认识，她开始主动接触外界，慢慢变得开朗起来。

(2) 乖巧型

这类大孩在二孩出生后，变得乖巧、听话，争取每件事都做得很优秀，他们觉得自己只有这样做，家人才会更喜欢自己。

> 老大就像老大的样子，这件事不能做的，她绝对不去做，大的每天上学，出门总归要抱抱她，这个动作不会缺少的，她很想别人夸她，她晚上会做噩梦，会表现得紧张，很有压力。（摘自 P2 的访谈记录）

个案 P2 中的大孩，之前是家里的小公主，每件事都要家人帮忙做，一家六个大人围着她转，妹妹出生后，她开始变得敏感、乖巧，对自己严格要求，争取每件事都做到最好，很期待别人对她的夸奖，整个人变得乖巧独立。

2. 大孩适应过程中的角色冲突类型

在社会角色的扮演中出现角色冲突，即在角色内部或角色之间产生了矛盾和对立，影响了该角色扮演的正常进行。二孩的到来在一定程度上损害了原来大孩的"利益"，这使得大孩作为"孩子"与作为"哥哥姐姐"之间的角色冲突更为明显。这两种类型角色冲突使大孩难以适应新角色，引发其角色适应问题。根据资料的梳理与总结，本文将角色冲突分为以下四种类型：敏感-爱哭型、顽皮型、易怒型和不满型。有的大孩会同时出现两种或两种以上类型。

(1) 敏感-爱哭型

此类型的大孩会在二孩出生后变得很敏感、爱哭，这种行为经常出现在二孩出生后的 1~3 年。大孩会因为家人和老师的一句话、做的一件事而多想，甚至哭泣。

> 生完以后在医院，老大来看了以后，她当场就哭了，她不是激动的哭，因为有老二了，她觉得爸爸妈妈不爱她了……老大后来一年里一直哭的。（摘自 P6 的访谈记录）

> 有一段时间幼儿园老师给我讲，老大特别敏感，你一碰他或者是

说他，他反应就特别大。（摘自 P10 的访谈记录）

案例 P6 中的大孩为女孩，与二孩相差 11 岁，案例 P10 中的大孩为男孩，与二孩相差五岁半，以上案例中出现的情况都处于二孩出生后的不久阶段，两个大孩都表现出敏感、爱哭的行为。作为独生子女 5~10 年，他们的角色突然进行了转变，二孩的出现使他们感受到家长的爱与关注的倾斜，一下子很难适应，因此出现易敏感、爱哭行为。

（2）顽皮型

这种类型的大孩通常表现为比较顽皮，不服从家长的管教，目的还是吸引大人的关注，他们觉得自己的"调皮捣蛋"会引起大人更多的重视，哪怕是被打被骂。

老是不听大人的话，我觉得她以前还蛮乖蛮自觉的，然后现在好像总是要我反复地盯着她做作业，她故意拖拖拉拉的这样子，做些捣乱的事。（摘自 P12 的访谈记录）

案例 P12 中的大孩是女孩，跟妹妹相差六岁半，在妹妹出生后，她变得比之前顽皮，其母亲表示大孩变得开始不听大人的话，会与大人的要求反着做来引起家人对她的重视。这种类型的孩子需要家长了解其顽皮的原因与意图，循循善诱，帮助其改变顽皮行为。

（3）易怒型

此类型的大孩，在二孩出生后变得易怒、易发脾气，会因为一些小事与家人和同学吵架，这类孩子和之前判若两人，好像是利用这种愤怒和不满"向家长宣战"。

爷爷、外婆就有时候比较偏向妹妹，老大和老人发生了很多争执，自从妹妹生下来后，大孩就很容易生气，大人一句话不对，她就生气发火，现在她情绪波动很大，非常影响成绩。（摘自 P6 的访谈记录）

以上案例资料指的是一个大孩 C2，在她 11 岁时，家里迎来了老二，十几年的独生子女状态就此打破，再加上老二生得活泼可爱，家里老人格外偏心，纵使父母注意到这个问题，再三重视，但是依然是有偏向的，自此以后，老大变得易怒，情绪波动大，严重影响了成绩。

在幼儿园的时候，他和小朋友会有一些冲突，发现和他以前稍微有点区别，可能碰到他的时候，他会反应特别激烈，他马上说，"干吗？"就这样子的反应……"干吗动我东西呀？"他的东西乱了，他就会很生气，特别气愤的样子。（摘自 P10 的访谈记录）

案例 P10 中的大孩状态为二孩出生后一年左右时间，他开始变得没有耐心，很容易生气、发脾气，不管是在学校还是在家，妹妹或者他人稍微动他的东西，他会首先表现出愤怒，立马宣示主权。

（4）不满型

这种类型的大孩经常会通过言语反击、逃避、沉默等行为表达自己的不满。他们会认为同样是父母的孩子，又都是小孩，凭什么要让着弟弟妹妹。

吵架的时候就会说，为什么我老是要让他，我要让他多长时间，让他一辈子吗？（摘自 P4 的访谈记录）

比如有什么事情我说她做错了，她就说我偏向老二。（摘自 G7 的访谈记录）

他就觉得为什么妹妹可以，我就不可以，有这种比较心理，还会有那种落差，变得沉默。（摘自 P5 的访谈记录）

可以看出，这种类型的孩子会经常用语言表达不满，或表现出沉默、逃避、争抢等行为，其实都是为了表达对家人的不满。他们觉得自己也是个小孩，也同样是爸爸妈妈的孩子，为什么要让着弟弟妹妹。这种类型的大孩需要家长与其多沟通，而不是一味责骂，这样才能帮助大孩理解父母，更好地接受二孩。

四 大孩角色社会化过程问题分析

大孩通过角色期待、增强个体角色意识、培养角色情感、内化角色规范以及通过角色实践逐步实现"大孩"角色社会化,这是一个角色改变的适应过程。在整个过程中,家人和社会对大孩的期待、大孩对角色的认知与定位相互交织在一起对大孩角色实践产生巨大影响。

(一) 由大孩认知偏差导致的适应困境

大孩的认知偏差是造成大孩角色适应问题的关键因素,大孩很难接受弟弟妹妹,其实最常见的想法就是觉得"为什么生了我,还要生弟弟妹妹",或是他们觉得"有了弟弟妹妹,家人不喜欢我了",会争夺属于自己的爱,一开始他们就将弟弟妹妹视为"争宠者""侵略者",因此他们会出现心理或者行为上的问题,以此来宣示自己对二孩的不接受。案例 C2 是态度和行为改变比较大的一个大孩,作为家里的老大,与妹妹相差 11 岁,她觉得自从家里有了妹妹,家人就开始"比较偏心",不喜欢自己了。有此认知的大孩很多,其抵触二孩,表现出异常行为,都是因为觉得家长"太偏心"。

(二) 二胎家庭因素造成大孩逆反心理

绝大多数夫妻在生二胎前会认为"生二胎是大人的事,大孩应该不会反对自己生二胎,就算开始时反对,二孩出生后大孩也会慢慢转变态度",不会询问大孩的意见,认为大孩可以扮演好哥哥或姐姐的角色,再加上经常对大孩"批评教育",较高的期望使得大孩对接受二孩变得反感;此外,二胎出生后,家庭把主要精力、时间都花费在照顾二孩上,父母对大孩的关心减少,忽视了大孩的感受,与大孩的沟通不足,导致大孩觉得父母"不爱自己,更爱弟弟妹妹";尤其是家里有老人的二胎家庭,受传统观念影响,祖辈们都比较溺爱二孩,二孩做什么都"依着、哄着、保护着",会经常说教大孩"忍让"二孩,让大孩做出"妥协",这都会使大孩觉得家长"偏心",产生逆反心理。家人对大孩的过高期望、区别对待,使得大孩对二孩产生抵触心理,厌烦家长说话做事时表现出的偏向态度,进而导致大孩出现心理不平衡、不接受二孩的认知与行为,产生角色不适应问题。严重的则会引起大孩的嫉妒,出现某些心理或者行为问题。

(三) 社会环境对大孩认知行为的影响

阿尔伯特·班杜拉(1995)认为人的行为不是单独受某一个因素的影响,而是同时受行为因素、人的因素及环境因素三方面的影响。亲朋好友的不良引导是导致大孩抵触二孩的重要原因,亲朋好友经常会故意或者不经意间跟大孩开玩笑,有时甚至告诉他们"如果父母生了二胎,爸爸妈妈就会把爱分给弟弟妹妹,家里的好东西都会给弟弟妹妹"。大孩听了之后会在心里跟自己之前的想法相交融,会对二胎的出生感到非常恐惧,在二胎出生后,大孩会将二孩看作争宠者与其争抢资源,不能很好地扮演"哥哥姐姐"的角色。此外,学校在大孩适应角色的过程中也起着举足轻重的作用,随着儿童进入园所生活和学习,其"重要他人"逐渐扩大至教师和同伴,经访谈了解到,由于主客观条件的限制,很多幼儿园和小学"缺乏专业的心理老师",当大孩表现出一些心理行为问题时,学校不能对其进行科学的疏导和教育。当大孩出现心理上的波动、行为异常时,教师如果没有及时发现、引导与干预,就会使大孩的心理问题逐渐严重。

五 研究结论和服务设想

作为一项探索性的研究,本文讨论了大孩对二孩的心理、行为等特征和关系,其中发现了一些非常有价值的现象。

(一)研究结论

1. 大孩角色适应分为三个阶段

大孩的角色适应分为三个阶段,大致分为二孩出生前、二孩出生后1~3年以及二孩出生3年后的时期。有些大孩在母亲怀有二胎时就强烈地反对,如果能在二胎出生前对大孩给予正确的疏导,那么二孩出生后,就不会对大孩造成严重的负面影响,大孩便能很好地适应角色。另外,二孩出生后1~3年也是引导大孩接受二孩的关键时期,更是适应问题发生的爆发期,有些大孩在母亲怀有二胎时表现得欢喜和期待,但是当二孩出生后,大孩真真实实地感受到二孩的存在,感受到他受关注和地位的变化,会表现出异常的心理和行为。如果能早些发现大孩心理及行为异常,及时进行干预与解决,大孩便能顺利地完成角色社会化。最后,当二孩真实存在3年以后,伴随着大孩的角色社会化过程,一些大孩很顺利地完成角色社会化,健康快乐地成长,而没有很好地适应大孩角色的大孩,会出现不同程度的异常心理和行为,这将影响二胎家庭的幸福,影响大孩的身心健康。

2. 家庭因素是大孩角色适应的关键

家庭因素是影响大孩角色社会化的关键原因。家庭是孩子成长的基础,更是大孩角色社会化的重要场所，家人的教养方式严重影响大孩的角色社会化。可以说，大孩角色适应顺利与否，就在于家庭教养方式是否正确。大孩能顺利地接受二孩，完成角色转变，大部分原因是父母对大孩的教育与正确引导。家庭适度的角色期待、有效的沟通交流与平等对待两个孩子会使大孩正确理解角色期待，形成较好的角色认知与定位，并很好地进行角色实践。家庭对大孩的正确引导，能帮助大孩形成健康正向的心理和行为。

3. 社会上很少有人关注到二胎对大孩的负面影响

虽然全面二孩政策实施已有几年之久，但是很少有人关注到二孩的出生对大孩造成的负面影响。笔者从访谈的教师口中以及从其他人的了解中认识到，除了部分二胎家庭，以及与之有密切关系的人知道其负面影响的重要性，其他人很少关注到。而且有的二胎家长认为大孩与二孩有矛盾很正常，兄弟姐妹间都是这样过来的，但是他们很少想到这代大孩是"严格独生子女第二代"，情况不同于之前。甚至有的二胎父母根本不知道为什么老大突然变得不听话、变得叛逆，他们中有的认为是孩子长大了，有自己的想法了，或者处于青春期，很少有人注意到是因为大孩角色的转变引发的一系列问题。

（二）社会工作服务设想

笔者根据与二胎父母、大孩以及教师的访谈情况，整理其需求，借鉴二胎家庭大孩适应角色较好的案例，并参考在二胎服务项目中的收获和反思，结合社会工作专业方法，针对研究对象出现的不同问题，提出以下五点服务设想。

1. 开办准二胎家庭咨询培训班

社会工作者可以链接专业的家庭育儿专家，为准二胎家庭开展咨询培训班，提前预防二孩的出生对大孩造成的负面影响。一是很多准二胎父母在要二胎时会考虑到大孩是否会接受二孩，以及担忧前期如何引导大孩对待二孩，尤其是两个都是独生子女的父母，更不知道该如何教育两个孩子。开展咨询培训班，有利于准二胎父母做好准备，调整对大孩的期望，学会与大孩沟通交流、处理同胞冲突的技巧，平等地对待两个孩子，引导大孩顺利地接受二孩。二是咨询培训班可以开展针对准哥哥姐姐的服务，引导大孩形成正确的认知，运用小道具，通过小游戏，让大孩提前进入角色、适应角色。

2. 对冲突严重的家庭进行个案辅导

针对有冲突关系的二胎家庭以及有错误认知的大孩进行个案辅导，通过有针对性的个案辅导帮助冲突严重的二胎家庭解决问题。针对有错误认知的大孩，通过个案辅导，帮助大孩改变错误认知，形成正确的认知，引导孩子理解父母、感恩父母，与同胞和谐相处。针对亲子冲突比较严重的个案，帮助家庭找到问题根源，改善家庭关系，帮助其形成和谐稳定的家庭氛围。

3. 建立大孩成长互助小组

通过建立大孩成长互助小组，增加大孩的同辈群体支持网络。在互助小组中，大孩之间建立友谊、分享困惑并获得同伴间的帮助与支持，通过对角色适应良好的大孩的学习模仿，促进其角色社会化，同时增强其社交与语言表达能力。开展一系列的小组活动，如儿童阅读、儿童运动会等，引导孩子理解父母、感恩父母，学习处理与同辈群体的关系，并推及家中，与同胞和谐相处，并从中学会分享和协作。

4. 组建二胎父母交流平台

一是邀请专家开展交流工作坊，带领父母吸收专家的智慧以及同辈父母之间的经验，增长化解同胞关系矛盾的技巧和排解负面情绪的能力，为二胎父母之间搭建一个相互分享、相互支持、互帮互助的平台，家长之间可以相互交流分享育儿经验，共同讨论育儿难题，帮助其构建朋辈群体的社会支持网络，增强二胎家庭父母对压力的应对能力；二是通过开展亲子主题活动，如亲子沟通讲座、亲子烘焙、亲子运动会等各种类型的互动活动，增加亲子之间的互动，构建亲子之间的良好关系，增加父母与孩子之间、大孩与二孩之间的交流互动，增进他们之间的相互了解。

5. 联动学校家庭，共建儿童成长防线

由于本文主要研究的是大孩角色适应问题，他们都是儿童，对于这方面的工作，社工可以建立与学校、家庭的合作。对于幼儿园阶段的儿童，学校应该增加对大孩的关注，注意儿童平时的行为表现，及时发现异常行为，与家长、社工沟通，一起商量解决方案。对于中小学生，社工可以加强与学校社工、心理教师的合作，做好儿童心理筛查及辅导工作。建立家庭－社工－学校三位一体的联动机制，共筑儿童心理行为预防和干预防线，以便有效发现大孩的态度和行为问题，做到早发现早介入，帮助大孩健康快乐成长。

参考文献

阿尔伯特·班杜拉，1995，《社会学习理论》，周晓虹译，台北：桂冠图书公司出版社。

陈斌斌、王燕、梁霁、童连，2016，《二胎进行时：头胎儿童在向同胞关系过渡时的生理和心理变化及其影响因素》，《心理科学进展》第 6 期。

陈小燕，2017，《浅谈二胎时代家庭教育中"老大"的心理问题及对策》，《大众心理学》第 9 期。

陈默，2015，《都市独生子女特性分析》，《当代青年研究》第 3 期。

樊林峰、俞国良，2019，《独生子女的心理健康教育问题研究》，《黑龙江高教研究》第 2 期。

风笑天，2000，《独生子女青少年的社会化过程及其结果》，《中国社会科学》第 6 期。

何惠婷，2014，《代际关系视角下老漂族的城市适应研究》，《前沿》第 Z9 期。

黄丹，2015，《重写故事：叙事治疗在未婚先孕青少女个人充权中的运用》，《华东理工大学学报》（社会科学版）第 5 期。

黄育馥，1986，《人与社会——社会化问题在美国》，沈阳：辽宁人民出版社。

李小蒙，2019，《学龄前头胎子女的心理困境及对策分析》，《中国石油大学胜利学院学报》第 1 期。

李希如，2017，《李希如：2017 年我国"全面两孩"政策效果继续显现》，国家统计局官网，http://www.stats.gov.cn/tjsj/sjjd/201801/t20180120_1575796.html。

李希如，2019，《李希如：人口总量平稳增长 城镇化水平稳步提高》，国家统计局官网，http://www.stats.gov.cn/tjsj/sjjd/201901/t20190123_1646380.html。

王苗等，2019，《哈尔滨市头胎儿童心理行为及影响因素研究》，《中国学校卫生》第 5 期。

肖福兰、张其博，1982，《关于小学独生子女教育情况的调查》（上），《人口与经济》第 1 期。

赵觉珵，2020，《国家统计局：2019 年二孩占出生人口 57%》，环球网，https://china.huanqiu.com/article/9CaKrnKoW30。

郑安会、同雪莉、田兵权、吴运荣，2009，《独生子女人格特征与数字搜索能力对照研究》，《西北大学学报》（哲学社会科学版）第 1 期。

郑杭生主编，2000，《社会学概论新修》（修订本），北京：中国人民大学出版社。

郑杭生主编，2003，《社会学概论新修》（第三版），北京：中国人民大学出版社。

曾波，2017，《"全面二胎"下同胞竞争效应及家庭教育应对的研究》，《中小学心理健康教育》第 7 期。

周梦婷, 2019,《头胎儿童在同胞关系中的身心变化及对策分析》,《中小学心理健康教育》第 23 期。

Dunn, J. & Kendrick, C. 1982. *Siblings: Love, Envy, and Understanding.* Cambridge, MA: Harvard University Press.

Dunn, J., Slomkowski, C., Beardsall, L., & Rende, R. 2010. "Adjustment in Middle Childhood and Early Adolescence: Links with Earlier and Contemporary Sibling Relationships." *Journal of Child Psychology & Psychiatry & Allied Disciplines* 35 (3): 491–504.

Erikson, E. H. 1968. *Identity: Youth and Crisis.* New York: Norton.

Field, T. & Reite, M. 1984. "Children's Responses to Eparationfrom Mother During the Birth of Another Child." *Child Development* 55 (4): 1308–1316.

Freedman, J. & Combs, G. 1996. *Narrative Therapy: The Social Construction of Preferred Realities.* NY: Norton Company.

Gottlieb, L. N. & Mendelson, M. J. 1990. "Parental Support and Firstborn Girls' Adaptation to the Birth of a Sibling." *Journal of Applied Developmental Psychology* 11 (1): 29–48.

Goodenough, F. L. & Leahy, A. M. 1927. "The Effect of Certain Family Relationships upon the Development of Personality." *The Pedagogical Seminary and Journal of Genetic Psychology* 34 (1): 45–71.

Polit, D. & Falbo, T. 1987. "Only Children and Personality Development: A Quantitative Review." *Journal of Marriage and the Family* 49 (2): 309–325.

Stewart, R. B. 1990. *The Second Child: Family Transition and Adjustment.* Newbury Park, CA: SAGE.

Teti, D. M., Sakin, J. W., Kucera, E., Corns, K. M., & Eiden, R. D. 1996. "And Baby Makes Four: Predictors of Attachment Security among Preschool–age Firstborns during the Transition to Siblinghood." *Child Development* 67 (2): 579–596.

Trause, M. A., Voos, D., Rudd, C., Klaus, M., Kennell, J., & Boslett, M. 1981. "Separation for Childbirth: The Effect on the Sibling." *Child Psychiatry & Human Development* 55 (2): 32–39.

【哀伤服务研究】

回应哀伤：社会工作介入新冠肺炎病亡者家属群体实践过程研究

——以"在一起"联合行动为例

钱 燕 冷凤彩[*]

摘 要 新冠肺炎病亡者家属是疫情中的脆弱群体，问题和需求具有复杂性、多样性等特征，因丧亲所带来的哀伤，对个体心理、生理、社会关系等多个维度造成持续性影响。针对这一群体的社会工作介入尤为必要，但社会工作者又缺少可以参考的服务经验。"在一起"联合行动重点关注湖北新冠肺炎病亡者家属群体，通过开发服务指南、培养专业社会工作者、联合在地机构开展一线服务等进行实践探索。结果发现，社会工作介入新冠肺炎病亡者家属群体的专业行动依然面临合法性问题、专业服务实践与本土情境的契合问题、新冠肺炎病亡者家属群体需求的复杂性与社工应对不足的矛盾。进一步分析认为，社会工作需要与在地行政系统合作争取介入空间，立足服务对象需求，探索介入路径，推动自身专业系统进行知识再生产与专业人才培养，推动疫情下社会工作介入新冠肺炎病亡者家属群体的实践发展。

关键词 新冠肺炎病亡者家属群体 "在一起"联合行动 社会工作

---

[*] 钱燕，华东理工大学社会与公共管理学院2019级博士研究生，上海市浦东新区社会工作协会副秘书长，主要研究方向为社会工作督导、公益项目评估、社会工作实务等；冷凤彩，华东理工大学社会与公共管理学院讲师，主要研究方向为家庭社会工作。

一 问题的提出：新冠肺炎病亡者家属群体的哀伤服务需求

2020年，新冠肺炎疫情突袭而至，从国家到地方均出台了各类文件，如2020年4月初，国务院应对新型冠状病毒肺炎疫情联防联控机制发布《新冠肺炎患者、隔离人员及家属心理疏导和社会工作服务方案》；5月初，武汉市民政局办公室发布《2020年武汉市心理疏导和社会工作服务指引（试行）》，倡导关注新冠肺炎病亡者家属、新冠肺炎康复患者家庭、受疫情影响的特殊困难群体家庭、防疫一线工作人员家庭，重点为新冠肺炎病亡者家属提供支持服务，这些文件为社会工作介入疫情服务提供空间。专业社工在疫情发生后迅速行动起来，介入一线防疫社区、隔离点和方舱医院的服务中去，通过"线上、线下"不同形式提供专业服务。而新冠肺炎病亡者家属群体是疫情下需要关注的对象，其所面临的哀伤存在特殊性，因亲人在感染新冠肺炎后经历了求医的曲折过程而产生的不满情绪、由于疫情防控无法与亲人告别而留下的遗憾以及来自社会的"污名化"和歧视，使这一群体存在急需介入的服务需求。

通过对已有相关文献的梳理发现，学界对于疫情下社会工作介入的研究集中在以下几个方面。一是疫情的发生给全社会带来巨大挑战，也对社会治理提出了更高的要求，从系统层面来看需要关注社会韧性的建构（邓锁，2020），社会工作在疫情中能够发挥专业优势，促进对疫情中有需求人群的回应，提升个体韧性，从而促进社会韧性的发展。各级社会工作协会发挥行业组织优势，将社会工作服务机构、社会工作者纳入防疫服务，构建行业联动机制（李树文、庞慧，2020），由于缺乏有效的风险防控体制机制和应急治理体系，专业社会工作尽管具有"专业自觉"，但面临处于"体系之外"的尴尬处境（徐选国，2020）。二是社会工作可以弥补疫情危机管理体制的缝隙，但社会工作在公共卫生体系中的作用尚未充分发挥（柳静虹、沙小森、吕龙军，2020），作为公共卫生领域的社会工作实践在介入疫情时依然存在角色和介入逻辑模糊性（方琦、范斌，2020）问题。三是疫情发生后，各类专业机构根据疫情和自身的优势，开展专业实践探索。武汉在地团队以医护群体、新冠病毒感染者家庭暂失监护的未成年人为服务对象（任敏、陈政军，2020），探索非常时期的专业情境。社工发挥专业优势参与国际社区的疫情防控，形成面向病毒治理的社区行动网络（何雪松、孙翔，2020）；社工在深圳参与疫情防控的生态系统，在疫情之下社工专业知识和专业能力薄弱（钟宇灵，2020）。四是关于新冠肺炎病亡者家属群体的研究重点关注新冠肺炎病亡者家属哀伤的特殊性，以及哀伤控制不同阶段社会工作需要进行有针对性的干预措施（徐晓军、汤素素、袁秋菊，2020）；针对新冠肺炎康复者，社会工作可以通过个案服务、家庭服务、小组工作、网络构建、政策倡导等手法来促进康复者的社会回归（李北亚，2020）。

现有研究多集中于社工在疫情中的作用发挥和社会工作在疫情防控中的制度约束、介入方法与路径等，对于疫情中的脆弱人群服务，特别是新冠肺炎病亡者家属群体的社会工作实践研究较少。由于疫情自身的特殊性，面向新冠肺炎病亡者家属群体的哀伤社会工作介入如何开展？在实践过程中会遇到哪些困境与挑战？面对这一特殊群体的服务对于疫情下本土社会工作实践来说有何意义与价值？

本研究以"在一起"联合行动的实践过程为分析对象，该行动是由上海市浦东新区社会工作协会（以下简称"浦东社工协会"）联合多家民间机构发起，重点关注新冠肺炎病亡者家属群体，定位于运用社会工作专业力量回应疫情下该群体的哀伤服务需求。笔者作为该行动专业组的负责人从项目发起前期筹备、方案设计到后续项目执行等不同环节均全程参与。在联合行动小组中笔者参与服务方案策划、筹款、服务指南撰写、线上课程跟进、一线团队督导等不同工作，承担着策划者、实践者和研究者角色。所使用的资料一部分来自新闻媒体和相关文件，另一部分来源于项目实施过程中的资料，即联合行动开展过程中的记录、观察和思考，这些资料的使用也得到了发起方的许可。

二 回应哀伤：社工介入新冠肺炎病亡者家属群体的实践过程

针对疫情下的新冠肺炎病亡者家属群体的社会工作介入并无可借鉴的经验，同时疫情的传染性强、传播速度快也导致社会工作者无法及时地进入丧亲家庭开展服务，"在一起"联合行动确定以新冠肺炎病亡者家属群体作为服务重点，根据疫情发展情况动态调整行动计划。从前期的行动计划到落地执行的实践过程来看，"在一起"联合行动从最初计划联合在地社工机构直接面向新冠肺炎病亡者家属群体开展服务到调整为间接介入骨灰领取环节的服务、哀伤服务专业人才培养、与在地机构合作推进一线服务，具体脉络如图1所示。

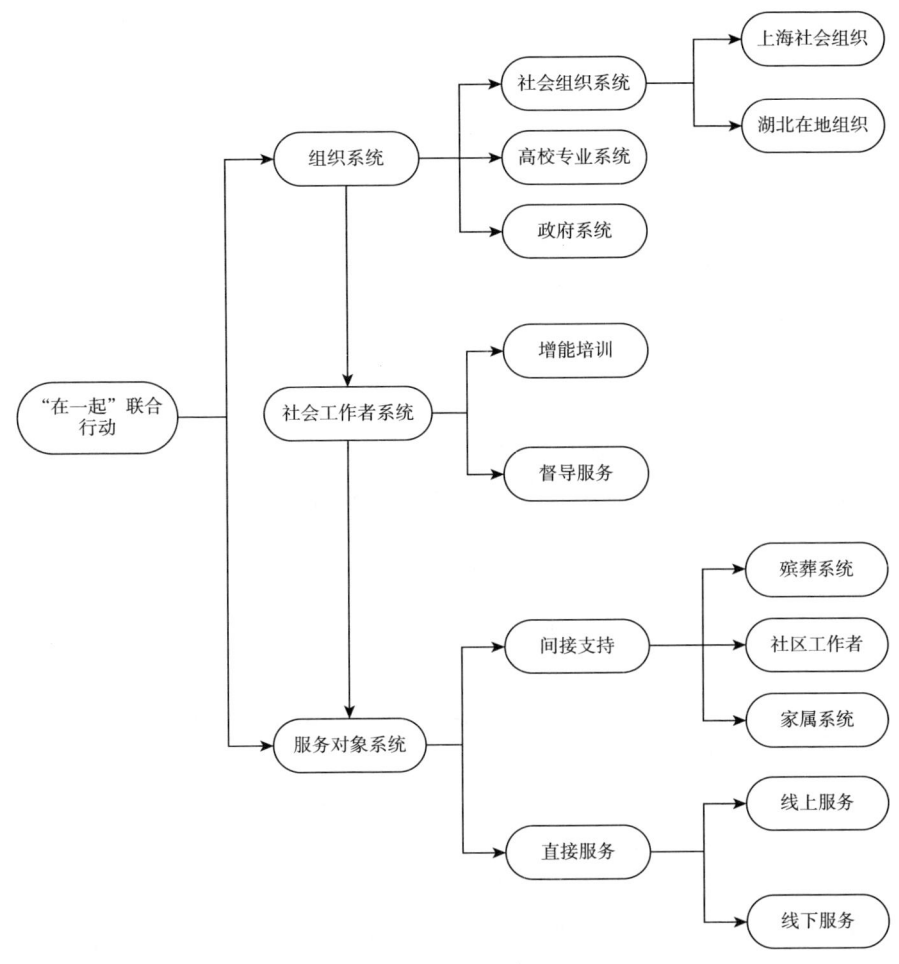

图1 "在一起"联合行动实践脉络

（一）动态调整：从直接面向新冠肺炎病亡者家属群体的服务计划转到间接介入服务

由于疫情形势的发展，以及异地介入模式在探索过程中受到多种不确定性因素如政策、疫情防控的要求等影响，联合行动在发起之初重点关注的是新冠肺炎逝者的骨灰在殡仪馆寄存问题，而清明节是重要的时间节点，新冠肺炎病亡者家属希望能够将逝去亲人尽快安葬，而此阶段可能是因疫情而引发的社会情绪爆发期。"在一起"联合行动原计划联合湖北在地机构直接面向新冠肺炎病亡者家属开展危机介入服务,但是由于疫情防控的要求,原计划不得不调整为间接介入。考虑到殡葬系统、社区工作者们在骨灰领取阶段面临极大的工作压力,而社会公众也同样存在尚未被疏导的哀伤情绪,所以此阶段的服务重点调整为以骨灰领取为重点,关注殡仪馆如何在骨灰领取环节为新冠肺炎病亡者家属提供更具人文关怀的服务;结合新冠肺炎病亡者家属的社区服务需求,关注社区工作者如何更好地陪伴家属做好骨灰领取和这一阶段新冠肺炎病亡者家属的哀伤服务工作。

1. 尝试介入殡葬系统

"在一起"联合行动通过与武汉殡仪馆对接,了解其在清明节期间针对新冠肺炎病亡者的骨灰领取环节的相关安排;同时,也期望在对接的过程中思考社会工作的专业介入空间。但是,在与殡葬系统对接过程中,鉴于相关信息的保密性,以及政府对于骨灰领取工作部署的整体性,社会工作并未纳入工作系统之中,所以"在一起"联合行动尽管考虑到骨灰领取环节新冠肺炎病亡者家属群体的需求,但是并未获取进入殡葬系统开展服务的权限,所以联合行动从直接服务设想转入间接支持服务。

2. 社会应对服务指引的知识生产

鉴于无法进入殡葬系统开展面向新冠肺炎病亡者家属群体的直接服务的现实状况,"在一起"联合行动及时地调整重点,判断在协助新冠肺炎病亡者家属群体领取骨灰以及后续相关事宜应对中殡葬系统、社区工作者、公众等可能存在的需求,开发了针对殡葬人员、社区工作者、公众等不同人群的《哀伤陪伴的社会应对指南》。"殡仪服务篇"专门为殡葬系统工作人员提供服务指引,针对骨灰认领环节提供更具人文关怀的服务建议,以协助殡葬服务机构更好地回应新冠肺炎病亡者家属接回亲人骨灰的迫切需要。"社区工作者篇"则是考虑在社区场景下新冠肺炎病亡者家属的现实需求,协助社区工作者了解如何陪同该类型家属领取骨灰,以及过程中如何应对情绪问题的产生与自我保护的方法。"新冠肺炎病亡者家属篇"则结合新冠肺炎病亡者家属的心理发展阶段,从专业角度提出 30 条建议,帮助家属舒缓内心压力。

上述开发的社会应对指南及时地通过网络推送给相关方,给予这些对象支持,通过支持新冠肺炎病亡者家属群体的外在系统来间接地对这一群体开展服务,这也是社会工作在突发疫情之下的实践策略。

(二)专业增能:面向社会工作者系统的赋能与知识生产

社会工作者(以下简称"社工")缺乏疫情应对的知识与经验,非常时期的社会工作服务行动框架不同于常态时期的行动框架（任敏、陈政军，2020），其服务技巧、服务方法也存在差异。在新冠肺炎疫情的特殊时期，一线机构及社工想要为新冠肺炎病亡者家属群体提供服务，但是缺少需要的知识储备和专业支持。同时，疫情防控常态化，湖北新冠肺炎病亡者家属群体的服务介入也必然对社工们提出更高的专业要求和期待。"在一起"联合行动通过针对湖北在地机构的微信线上会议了解到机构和社工们希望有专业的培训课程来提升自身应对疫情下新冠肺炎病亡者家属群体的服务能力，在此基础上"在一起"联合行动将本土哀伤服务专业社工能力提升纳入服务框架，开发社会工作介入新冠肺炎病亡者家属群体的实践指南。

1. 社会工作者专业能力培训

"在一起"联合行动小组联合境内外专家、一线实务工作者，筹备的哀伤服务者"赋能计划"的第一期课程，重点以"如何走进丧亲家庭"为主题，从认识丧亲家庭、首次接触丧亲家庭、新冠肺炎病亡者家属的自我装备等方面，由来自疫情服务一线的老师、哀伤陪伴资深社工专家等通过线上授课方式来为社工增能。其重点是丰富社工的实践知识，面对新冠肺炎病亡者家属的服务具有可操作性的指引。第一期课程开于5月8～16日，共计开展5次专业线上授课，共有131名学员全程参加。其基于社会工作知识体系，结合疫情下的新冠肺炎病亡者家属群体的需求设计的课程更贴合社工的知识需求，也能够通过课程来了解新冠肺炎病亡者家属群体状况。同时，在第一期课程基础上，联合行动小组拟定以哀伤服务专业人才认证课程为打造重点，并争取到上海市慈善基金会的支持，尝试与高校合作开发认证课程，探索哀伤服务本土专业人才的培养，目前该项工作仍然在筹备中。

2. 形成哀伤陪伴社会工作实践指引

"在一起"联合行动小组根据开发的赋能课程内容，结合一线疫情下的哀伤服务需求梳理出"社会工作实践指南"，为一线社工提供服务指引，让社工更好地装备自我，为新冠肺炎病亡者家属提供更专业的服务。指南共分为六个部分："了解新冠肺炎病亡者家属的群体特征"，"了解新冠肺炎病亡者家属经历的事件"，"准备我的五大装备"，"优化我和新冠肺炎病亡者家属的资源库"，"罗列服务清单制订上门计划"，"初次见面"。指南让社工能快速掌握与新冠肺炎病亡者家属建立信任关系的基本知识，为后续服务做好准备。指南面向社会公开发布，让更多的社会工作机构和社会工作者及时地获取专业知识与实践指引。

（三）面对哀伤：面向新冠肺炎病亡者家属群体的直接介入服务探索

"在一起"联合行动在上海联劝公益基金会的支持下，与两个湖北在地团队合作，开展面向新冠肺炎病亡者家属群体的一线服务，虽然所覆盖的对象较少，却是面向新冠肺炎病亡者家属群体的社会工作专业实践探索。

1. "社工伴行"：线上服务初探

与武汉在地团队合作于3月21日启动"社工伴行"服务，为新冠肺炎病亡者家属提供在线社工陪伴与支持服务。在此项目执行过程中，"在一起"联合行动小组负责链接基金会资源，为在地团队提供资金和资源支持。而在地团队重点是结合之前在方舱线上服务中发现的需求设计具体的服务，但是在具体执行过程中遇到服务对象招募难的问题，项目执行团队将宣传和招募海报通过方舱服务线上群进行推广，从而进行服务对象招募，但是与原计划的40名服务对象的设计存在偏差。此项目未与武汉在地的行政系统之间形成联动，仅仅依靠原有方舱线上服务的渠道来招募服务对象，因此在两个月的项目周期内仅为25名武汉的新冠肺炎病亡者家属提供线上陪伴服务、线上云祭扫、线上疾病科普课堂以及团体正念辅导等服务，服务时间较短，服务效果难以评估。

在线上直接服务的初探中，存在的最大障碍是服务对象来源问题，这也是该行动中值得探索的问题。服务计划从最初设想介入受疫情影响最严重的武汉地区，但是并未获得进入的权限，转而开始关注武汉周边地区的服务需求。

2. "襄伴计划"：线下直接介入服务

"在一起"联合行动与湖北在地服务团队对接过程中了解到襄阳市民政局希望发挥社会工作机构专业优势为襄阳市的新冠肺炎病亡者家属提供介入服务，这为该服务群体的线下直接服务提供介入空间。在得到民政系统的支持并提供服务对象的名单情况下，于5月1日至10月31日联合襄州社工协会开展为期半年的针对新冠肺炎病亡者家属群体的一线服务。"在一起"联合行动除了对接基金会提供资金支持外，还邀请境内外的资深社工专家、高校社工教授等组成督导团队，为一线执行社工提供专业督导支持，及时解决新冠肺炎病亡者家属服务过程中的问题，推动专业服务落地。在地社工团队实地走访了襄阳市由疫情导致的直接或者间接丧亲的家庭，建立家庭档案，并评估家庭风险，开展个案、小组、社区活动等直接一线服务。

（1）提供政策咨询。在地团队在走访中发现新冠肺炎病亡者家属群体对于相关的政策最为关注，社工积极链接防控指挥部、民政局、退役军人事务局等相关资源单位，及时回应服务对象丧葬费用咨询、低保五保咨询、疫情补贴咨询、遗产继承纠纷、退役军人事务咨询的需求，通过线上、线下多种方式累计为34名有此类需求的服务对象进行了100多人次的服务。同时，为服务对象提供解决问题的方法，鼓励服务对象主动地向相关单位咨询，合理地表达自身诉求。

（2）助力复工复产。针对服务对象就业难问题，社工积极向襄阳市人力资源与社会保障局、襄阳市劳动就业管理局进行咨询，将具体政策规定向服务对象说明，累计为20多名服务对象进行政策解读。在与服务对象建立相互信任的专业关系的基础上，社工将招聘信息推送给服务对象，由服务对象根据自己的实际情况进行选择。

（3）促进社会关系重建。一是通过对89户丧亲家庭的走访，建立家庭档案。通过多元化服务鼓励服务对象家人、亲戚朋友加强与服务对象的联系，给予服务对象支持，改善服务对象与家庭成员之间的关系；二是针对评估发现存在风险或者需求的对象开展个案跟进服务，共计为5名服务对象提供一对一服务。新冠肺炎病亡者家属群体个案服务对象主要为创伤后应激障碍、康复后的社会适应、丧亲家庭中的儿童服务等；三是通过组织"在一起"线上互助小组活动，为有相同需求的服务对象提供舒缓压力的平台，让服务对象感受来自团体的力量；四是开展健康知识普及、拒绝歧视、邻里支持等社区活动，共开展6次社区活动，累计服务300多人次，社工通过社区活动，恢复服务对象与社区居民的联系，改善服务对象生活的社区环境，构建社区支持网络；五是组织志愿者针对丧亲家庭，如独居长者、失独家庭、留守儿童等开展日常关爱服务，定期上门走访或者打电话慰问，关注服务对象的身体情况、生活情况，让服务对象感受到来自社会的关爱，帮助服务对象恢复个人与社会的联系。

"襄伴计划"为期半年，"在一起"联合行动通过线上督导服务参与一线服务，为一线团队提供专业支持；一线团队在服务过程中获得了来自民政系统的支持，提供丧亲对象名单和基本情况，为服务奠定基础，为社工进入丧亲家庭提供了合法的权限。但是在服务推进过程中遇到专业关系较难建立、服务对象需求多样、社工自身能力不足、项目服务周期短等问题，也同样挑战着专业实践的开展。

三 社工介入新冠肺炎病亡者家属群体的行动成效及实践困境

（一）社工介入新冠肺炎病亡者家属群体的行动成效

疫情既是对国家治理体系与治理能力的考验，也是对社会服务机构与专业人士能否快速地回应社会需求的考验，在疫情中社会工作如何发挥专业价值？在武汉疫情防控的关键阶段，社会的核心议题是如何做好联防联控工作，对新冠肺炎病亡者家属的关注集中于相关政策制定，对这一群体的情绪疏导、社会关系调适等深层次的需求关注不足，他们的问题会随着时间的推移不断凸显。"在一起"联合行动聚焦于新冠肺炎病亡者家属的服务需求，用专业视角评估他们的需求，有效应对了政府自上而下未能触及和回应的深层次问题。项目发起机构面向全国邀请社工机构、高校、企业、基金会和个人等合作伙伴共同参与，充分展现社会组织在积极参与疫情治理、回应社会议题方面的作用，展现了社会工作的专业使命与担当。

1. 从社会工作角度服务新冠肺炎病亡者家属群体

国家卫生健康委和民政部联合印发《关于加强应对新冠肺炎疫情工作中心理援助与社会工作服务的通知》，明确要求组建精神卫生、心理健康和社会工作等多学科专业人员队伍，为重点人群提供心理疏导、心理救助和精神医学干预等心理援助服务，以及提供疫情认知、健康指导和情绪辅导、家庭支援、社会关系修复、政策咨询及转介等社会工作服务。

"在一起"联合行动不仅关注因丧亲导致的心理创伤，更注重从社会工作角度介入。新冠肺炎疫情导致的丧亲家庭面临的困难不仅有因家属去世而导致的心理创伤、家属身后事宜的处理等，还面临正常生活的"污名化"、社会排斥、社会关系断裂等诸多问题，更需要从社会层面进行介入服务，协助其社会功能的恢复。"在一起"联合行动小组联合在地机构开展"社工伴行"和"襄伴计划"两个项目，一线执行团队注重运用个案、小组、社区等多元方式提供整合性服务，除了针对服务对象提供心理疏导、危机干预等直接的服务外，还注重社区与社会的宣传与倡导，推动建立尊重、接纳、包容的社会环境，重构新冠肺炎病亡者家属的社会支持网络。两个项目的服务对象规模虽小，却能够在疫情下及时地走进新冠肺炎病亡者家属群体，了解这一群体的现实困境，对接政策、医疗等资源，从社会工作角度给予他们必要的支持。

2. 构建社会工作知识体系，推动专业实践发展

从全球范围来看，疫情下社会工作介入缺乏必要的经验，从本土社会工作发展来说缺少介入公共卫生的路径与模式，同样社工原有的知识储备和经验无法有效应对疫情之下专业服务开展，需要创新应对风险与脆弱性的社会工作实践知识体系（邓锁，2020）。"在一起"联合行动在服务新冠肺炎病亡者家属的同时，针对社工缺少介入新冠肺炎病亡者家属的知识储备、专业能力不足的现实问题，整合社会工作行业资源，着眼于培养本土社会工作专业人才，开展针对社工的"赋能计划"。邀请境内外专家、疫情一线的社工联合开发课程体系，为社工提供专业培训，并且搭建本土督导体系，陪伴社工专业成长；根据疫情下的服务需求开发针对不同对象的实践指南，为服务梳理专业知识，为实践提供服务指引与方向。这也是与作为主要发起方的浦东社工协会致力于推动社会工作职业化、专业化发展的宗旨相适应的专业实践逻辑，通过疫情下的社会工作服务的知识体系构建，推动本土人才和专业实践发展。

3. 探索异地介入新冠肺炎病亡者家属群体社会工作服务路径

疫情下的社会工作介入与其他的灾害（如地震等）发生后的社会工作直接介入存在较大的差异，新冠肺炎疫情的传染性导致异地社会工作者无法直接到达服务对象所在的场域中开展服务。"在一起"联合行动探索了异地介入新冠肺炎病亡者家属群体的服务路径，计划处于不断调整和变动阶段，从前期无法进入服务现场，转而面向不同场域的工作者开发服务指引。面对社工在疫情下的专业能力不足问题开发赋能课程，并对接基金会资源支持在地机构开展面向新冠肺炎病亡者家属群体的服务。异地社会工作者介入新冠肺炎病亡者家属群体的服务过程也是一种模式探索，回应在疫情下异地社会工作力量通过何种方式为处于疫情中心的地区提供专业支持，如何与不同的系统合作与互动，更好地为在地的组织、服务对象提供支持。

（二）社工介入新冠肺炎病亡者家属群体的实践困境

"在一起"联合行动介入新冠肺炎疫情下的新冠肺炎病亡者家属群体的服务探索仍然处于起步阶段，项目定位于民间发起的社会工作专业行动，其所设想的"应然"与执行过程中出现的"实然"出现了很大的差异，其原因何在？社工介入新冠肺炎病亡者家属群体的实践过程反映了社会工作在疫情防控中的结构性困境、制度契合性问题，以及面临一线社工专业能力不足、服务对象的认知度低等的挑战，社会工作面临的实践困境在突发公共卫生事件中尤为突出。

1. 专业行动介入疫情防控体系的合法性问题

疫情之下，民间社工机构出于专业使命而联合多家机构发起面向新冠肺炎病亡者家属群体的服务，从专业出发研判这一群体遇到的问题与困境，并在行动过程中进行实践探索。项目所涉及的专业服务计划在执行过程中依然面临介入空间不足、合法性等问题，如针对新冠肺炎病亡者家属所设计的服务计划是"闭环式"服务，其理想化状态是社会工作能够与政府整体管理体制相配合，以便迅速地掌握新冠肺炎病亡者家属的信息，评估新冠肺炎病亡者家属的需求，制订介入计划并提供及时跟进服务。但是在实践中发现，由于专业的自发行动缺少必要的介入空间，政府应对疫情危机的制度安排中缺少社会工作的专业位置，也导致社会工作介入层次浅，社工无法及时地获得新冠肺炎病亡者家属的基础信息，无法获取进入服务对象场域的权限，无法把专业服务送至有需求的服务对象，这也是专业自觉与服务需求之间无法及时、有效进行对接的深层次原因。

2. 专业服务实践与本土情境的契合问题

尽管"在一起"联合行动通过线上、线下等方式为新冠肺炎病亡者家属提供服务，但是所覆盖的服务对象较为有限，服务对象接受度较低，也导致专业关系较难建立。在一线服务推进过程中，服务对象较难招募，社工较难获取服务对象名单。同时，服务对象对于社会工作的认知度较低，在本土的文化情境下，新冠肺炎病亡者家属向外求助的动机不强，大多通过自己或者原有的支持系统来应对危机。在线下家庭探访过程中专业关系较难建立，这些新冠肺炎病亡者家属或直接拒绝社工服务，或将社工当成政府工作人员，或对社工提出过高的服务诉求，希望社工能够解决他们所有的问题，如政策补贴、就业等问题。这反映了疫情让本土情境与专业之间面临更为复杂的关系，也提出了更具挑战性的问题，社工与新冠肺炎病亡者家属建立专业关系、在疫情防控下的角色定位等与原有专业知识和经验之间存在一定的张力。

3. 新冠肺炎病亡者家属群体需求的复杂性与社工应对不足的矛盾

疫情作为突发的公共卫生事件，对身处其中的个体的身体、心理、认知和行为等均造成了不同程度的冲击。亲人因新冠肺炎疫情而丧生的家庭，他们所面临的问题不仅仅有个体的创伤、社会关系的断裂，同时对相关的政策、防疫安排等存在诸多不满。在处理个体及家庭的创伤的同时，还面临其他人出于对新冠肺炎疫情的恐惧而产生的社会歧视和"污名化"，以及针对新冠肺炎病亡者家属的相关政策不完善，新冠肺炎患者康复后的医疗、就业等多元的问题和需求，社会工作者原有的专业能力和知识无力应对复杂问题等诸多困境。"在一起"联合行动中的一线社工存在因知识储备不足、专业经验欠缺所导致的无力感。除了专业关系建立难题外，服务场域的复杂性也影响着专业实践。这些复杂性不仅体现为新冠肺炎病亡者家属个体需求的差异，还体现为在不同的地域政策存在差异，有些新冠肺炎病亡者家属因疫情暂时困在所在区域，但是实际居住地在其他地区，社工服务又面临跨区域转介的难题。

新冠肺炎病亡者家属的社会工作介入是疫情防控常态化之下需要重点关注的，从实践过程来看，"在一起"联合行动具有诸多不确定性。联合行动因疫情发展、防控要求等的变动而不断进行动态调整，行动计划也与前期的设想存在差距，这给疫情下的本土社会工作实践发展带来更多探索的空间。社会工作服务强调"人与环境"之间的互动，社会工作本土实践过程也是专业自身与外部不同系统之间互动的过程。身处湖北之外的社会工作机构在动员民间力量参与新冠肺炎病亡者家属的服务过程中也存在与不同系统之间的互动，这些系统包括原有的行政体系、服务对象系统、专业服务系统等。如何有效地回应新冠肺炎疫情下病亡者家属的需求，如何用社会工作的专业视角来看待哀伤并有效地回应哀伤，是社会工作实践需要思考的问题。

"在一起"联合行动针对新冠肺炎病亡者家属的服务探索对于社会工作实践来说也是一次历练和成长，服务疫情下急需关注的群体，体现了本土社会工作的专业自觉与使命担当。同时，也反映了民间社工机构在本土情境下必然受制于国家疫情治理系统的制约，以及在联合行动过程中与组织系统之间的协同与合作问题。在一线介入服务中，面临社会工作无法及时有效地将服务递送到服务对象系统，同时，又面临服务对象系统的多元诉求、在地服务情境与文化等议题；在疫情之下，社工针对新冠肺炎病亡者家属群体的服务必须嵌入在地的行政系统与社会服务系统中去，争取到介入空间，联合在地社会服务机构共同开展服务；对于社会工作专业系统来说，社工的专业能力、本土社工人才培养、面向疫情下的服务需求的专业知识体系均需完善和提升。但是，随着全球疫情的蔓延，社会工作如何介入新冠肺炎病亡者家属的哀伤服务是专业服务中不可回避的问题,而从"在一起"联合行动实践来看,社会工作对这一群体的介入中的问题有待持续的关注和探索。

参考文献

百度疫情实时大数据报告,https://voice.baidu.com/act/newpneumonia/newpneumonia/?from=osari_aladin_banner。

邓锁,2020,《疫情危机中的社会韧性建构与社会工作定位》,《社会工作》第2期。

方琦、范斌,2020,《突发公共卫生事件中社会工作的实践机制:结构性组织与阶段性服务》,《华东理工大学学报》(社会科学版)第1期。

何雪松、孙翔,2020,《防范境外疫情输入的国际社区行动网络——社会组织的社会工作干预》,《河北学刊》第6期。

柳静虹、沙小森、吕龙军,2020,《社会工作介入公共卫生体系再思考:基于新冠肺炎疫情社会工作响应过程的反思》,《华东理工大学学报》(社会科学版)第1期。

李树文、庞慧,2020,《社会工作行业组织抗疫服务联动机制的实践探索与思考》,《学会》第9期。

李北亚,2020,《关于社会工作介入新冠肺炎感染者愈后回归社会的建议》,《公关世界》第10期。

任敏、陈政军,2020,《专业与情境:社会工作在参与公共卫生危机救助中的发展》,《社会工作》第1期。

钟宇灵,2020,《社会工作介入突发公共卫生事件的实践——以深圳社工参与新冠肺炎疫情防控服务为例》,《中国社会工作》第12期。

徐晓军、汤素素、袁秋菊,2020,《新冠肺炎疫情丧亲者哀伤控制及社会工作介入》,《社会工作》第2期。

徐选国,2020,《专业自觉与体系之外:社会工作介入新冠肺炎疫情初期防控的双重逻辑及其反思》,《华东理工大学学报》(社会科学版)第2期。

【精神健康社会工作】

精神疾病患者的机构生活[*]

——兼与戈夫曼"地下生活"的对话

李 川[**]

摘 要 通过对 A 中心的观察，本文主要从资源、地点、社会关系三个层面，考察本土精神疾病患者的机构生活。在与戈夫曼深描精神病人的机构生活的比较中，尝试归纳出本土机构生活的主要特征。这些特征包括：本土机构中，地位高的精神疾病患者更广泛应用"次级调适"；依照一定的"等级差序"，精神疾病患者获得特殊权利的途径有所差异；与"正式制度"的作用相比，医患之间的日常互动对收容者获得资源意义重大。本文进而讨论机构生活中的自我呈现与社会秩序也受本土社会特质的影响，这些影响给精神卫生服务系统的现代转型带来了深刻挑战。

关键词 精神病院 "地下生活" 次级调适 自我 戈夫曼

一 问题的提出

2018 年国家卫生健康委联合九部委发布了《关于印发全国社会心理服

---

[*] 本研究受虹口区卫健委青年课题（虹卫 2003 – 13）和上海市精神心理疾病临床医学研究中心项目（19MC1911100）的资助，特此感谢。
[**] 李川，上海市虹口区精神卫生中心中级社工师，主要研究方向为精神健康社会工作。

务体系建设试点工作方案的通知》，强调提升医疗机构的心理健康服务能力。精神病院是承担提升心理健康服务能力的重要主体，改善对精神疾病患者的服务是重要指标，而提升机构心理健康服务能力的重要前提在于深入理解本土精神疾病患者的机构生活。

围绕精神病院和精神疾病患者的研究已有不少成果，但多数集中在北美。概括而言，主要有两条进路。一是对疾病的个体经验和文化含义的探讨，代表人物是凯博文。为深入理解个体的苦难经验，他区分了疾病（illness）和疾痛（disease），挖掘了疾痛的四重意义[①]（克莱曼，2010：9~62）。但凯博文并非仅将疾痛经验个体化，在与《疾痛的故事》同年发表的《重新思考精神医学》之中，他将其意义探究的方法同样运用到了精神医疗之中，认为精神疾病不只是"疾病"，还是特殊的疾痛经验——这种经验不仅是个体层面的，更需要在其与社会的相互作用过程中进行把握（Kleinman，1988：3）。二是对精神病院的民族志。早在20世纪五六十年代，集中产生了一批精神病院的民族志（Stanton & Schwartz，1954；Belknap，1956；Greenblatt et al.，1957；Caudill，1958；Dunham & Weinberg，1960；Strauss et al.，1964；Stotland & Kobler，1965）。这些研究结论都试图揭示出当时各类精神病院存在的一系列缺陷。比如指出精神病院存在缺陷的原因之一在于"管理维护系统"和"医学－精神医疗系统"之间的乖离，事实上多数场合只有管理维护系统仍在发挥作用（Belknap，1956：106-109）。而戈夫曼采用了一种"休斯式的城市民族志"（维尔霍温，2012）方法，其所著的《精神病院》（1961）是其中脍炙人口的作品。它不仅把精神病院等类似机构概括为"全控机构"，还恰好在当时反精神医学的浪潮中，成为批判"机构化"的有力控诉（杨锃，2014）。尤其值得借鉴的是该著作自然主义的研究方法，作者对日常生活的观察与自然科学式的实验室观察是不同的，被他本人称为粗野的经验主义，但又并非与系统化的观察和严密的经验主义相对立，而恰恰构成了经验中不可替代的部分，因而这种田野研究的姿态被称为自然实验（Smith，2006：14）。正是在研究方法基础上，戈夫曼与当时基于严密的实验设计、科学化志向的社会学保持了一定的距离，在边缘处、缝隙中，以各类人的日常生活为对象，从制度的功能转而细致考察人

[①] 四重意义即"疾病症状的表面征兆"、"在不同时代和社会中被烙上文化特征的印记"因而有强烈的文化含义、对个体而言疾痛成为其最重要的问题以及倾听患者讲述疾痛给治疗者带来的意义。

们的互动，进而通过洞察互动行为的秩序，揭示出互动行为背后的社会机制。

如今参照戈夫曼式自然主义的田野手法，即便进入精神病院展开观察，实际情形也已有区别。然而借用戈夫曼所重视的"被忽视的情境"（the neglected situation）（Goffman，1961），为具体把握本土机构中精神疾病患者的生活世界，恰恰有必要展开类似的自然主义观察，从而揭示其独特性。

最近，一项17国的比较研究，试图批驳WHO所建构的有关污名精神分裂症的文化神话，认为在对待精神疾病患者方面，发展中国家也并不见得比发达国家和地区更为和善（Pescosolido et al.，2015）。作为发展中国家，中国的机构化处置精神病人的历史更为短暂（刘白驹，2014：193~195）。近年来，欧美舶来的"去机构化"浪潮正给站在十字路口的本土精神卫生事业带来巨大的冲击，随着精神病学、公共卫生和社会工作等相关专业的联动，本土机构中的精神卫生已从单一的医疗模式迈向引入专业的社会工作（丁瑜、李会，2013），同时社区精神康复服务逐步兴起（杨锃、陈婷婷，2017）。精神病院担负着收容看管及精神治疗的功能，同时心理社会康复的援助均已被纳入其中。但多数机构担负的临床治疗压力过大，短期内实现机构内心理服务能力的提升仍是其重要目标。

当谈及精神病院这一典型的封闭空间中人的生存样态时，戈夫曼的《精神病院》不仅仅提供了观察类似精神病院这一封闭空间的方法和分析框架，更为重要的是，深入观察了收容者的日常生活世界，并指出这一日常生活世界依然是"有意义的、合理的和正常的"（Goffman，1961：i-ii）。这一理解颠覆了精神疾病患者的生活世界被认为是无意义、非合理化和异常的固有成见。因而，在理解精神疾病方面，甚至被评价为比福柯"更有见地"（吉登斯，2016：191）。如果从符号互动论角度理解，精神病院成为一个令人学会如何适当表现出精神异常的空间，也就是说，即便是一个有精神障碍的人也是在围绕其具体生活世界的对比中来呈现自我的（柯林斯、马科夫斯基，2014：386~387）。因此，一个经验事实极其值得验证：在某国的精神疾病患者身上所呈现的一些共同的特征，正是在这一生活世界里异于其他国家和地区的重要内容。也正是这些内容构成了这一社会中人与人互动时的共通规范。这也提示社会工作者进一步去理解，为何戈夫曼认为由精神病人所极力营造的生活是"有意义的、合理的和正常的"（Goffman，1961：x）？

精神疾病患者们所极力营造的生活是"有意义的、合理的和正常的"原因在于，与此后的"罗森汉实验"不同，戈夫曼并非隐瞒身份而是采用一种自然主义的观察法，[①] 其视野不是停留在揭露这一封闭空间内的欺压、暴力等现实层面，而是聚焦于自我结构，探索了医患互动之中，精神病人们是如何艰难摆脱嘲讽与暴力，得以勉强保留了自身身份和主体性问题的。在这一问题意识之中，戈夫曼敏锐洞察到了机构化生活中的精神病人的生活意义以及对现代社会的重要启示。

这一问题设定同样适用于探讨本土的机构化生活情境。中国的精神病院，收容加治疗仍是处置病人的主流方式。为了维护社会安全，结合实现个体治疗的目标，以往研究往往忽略了对精神疾病患者住院日常生活的具体考察，甚至有意遮蔽了精神疾病患者所发展形成的那些"有意义的、合理的和正常的"生活样式。这一遮蔽本身导致了对精神疾病患者理解的神秘化和单一化。因此，社会工作者不禁要问，在试图摆脱控制时，本土精神医疗中的医患之间是否也存有一种"持续不断伪装的艰难关系"（Goffman，1961：370）？精神疾病患者在本土机构生活中的人际互动又有着怎样的特征？它们构成了在本土机构中开展精神健康社会工作的前提条件。

为此，本文试图运用戈夫曼式的观察法，通过描绘某院精神疾病患者的机构生活，呈现精神疾病患者的住院生活世界，并与戈夫曼描绘的精神病院中的生活世界进行比较。比较之所以可能是因为，第一，尽管与戈夫曼所进入的圣·伊丽莎白精神病院的规模有很大差异，但 A 精神卫生中心同为封闭式的现代专业精神病院，在机构的性质、类型上都极其相似。第二，选择封闭的精神病院加以比较，可以在这一具有清晰边界的空间之中，洞察具体社会背景和社会制度的诸多差异。第三，观察方法相同，同样作为精神病院的工作者，进入院内，并不身穿白大褂，而多以援助者的身份出现在精神疾病患者面前，介于医患之间，时刻提醒自己尽可能确保相对独立的立场。

笔者分别以精神医疗社会工作者和社会工作督导身份，进入 A 精神卫生中心（以下简称 A 中心），时间在 4 年以上。笔者不仅深入观察了精神疾病患者的住院生活，也对数位住院人员和医护工作者进行了深度访谈。A 中

[①] 沿袭了社会学芝加哥学派的传统，戈夫曼认为现实存在于和自然环境交织而成的社会细节之中。正是以这一现实理解为前提，他采用了自然主义的观察法（Gubrium and Holstein，1997）。

心被认定为该市最先进的现代化专科精神病院之一,同时也是精神卫生系统屈指可数的全国改革试点单位,极具典型性。尽管必须说明的是,作为案例研究,本文所观察到的一类规范化的精神医疗机构,其结论仅具一定范围内的可类比性。

二 本土精神疾病患者的机构化生活

精神疾病患者的本土机构化的"日常生活"主要由两部分构成,一部分是与"治疗"相关、已被制度化了的活动,另一部分则属于"地下生活"。这两部分从时间序列而言彼此重叠,即"地下生活"可能出现在"治疗"活动中,也可能出现在与"治疗"无关的活动中。

为了更具体地呈现精神疾病患者的机构生活,可将其活动划分为"治疗活动"和"非治疗活动",治疗活动基于病房作息制度(见表1),其中的"辅助治疗"是治疗活动[①],其余的活动都是"非治疗活动"。通过在病区内的长期观察,可以区分出医护人员、病患对哪一时间段的哪些活动重视程度高。医疗人员重视程度高的,通常就是治疗活动。不过作息制度中的"游戏"在院方设定中作为治疗活动的一个组成部分,与"辅助治疗"相比,医护人员和病患都没有给予足够的重视,也少有认真对待,甚至时常得不到执行,因而归为"非治疗活动"。而依据戈夫曼的考察,机构化生活的主要特征之一是自始至终遵从一个权威而过着被规定的生活,因而比起非治疗活动,首先进入视野的就是病区中的治疗活动。依据以上区分,A中心的治疗活动共有四项,分别为森田治疗(8:30~9:15)、艺术治疗(8:30~9:15)、团体治疗(14:00~15:00)、内观治疗(10:00~11:00,14:30~15:30)。

治疗活动的安排基于病房制度。病房制度构成机构化生活的基本规则,它保障病房内部正常运行,尤其是具体的病房作息制度和病房内各主体之间的互动关系十分值得关注。在对医院管理者的访谈中得知,该作息制度是参考国内相关医院并结合本院的实际,由院方管理人员制定形成的。通过阅读该作息制度即可了解精神疾病患者的住院安排,同时有助于发现他

[①] 尽管"服药"也应划分到"治疗活动"中,面对精神科疾病,药物治疗是最常用的治疗手段,能够缓解精神疾病患者的病情,相比其他的辅助治疗,更理应被当作治疗的一种手段,但"服药"主要体现出被监督之下的情形,难以被称为一种"活动"。

们展开"地下生活"的缝隙。A 中心共有四个病区,作息制度均相同且在较大程度上被医患共同遵守和执行,形成了病房的日常秩序。

表 1 病房作息时间

时间安排	内容
6:00~6:30	起床、洗漱、做治疗
6:30	早上服药
7:00	进早餐、值日生扫除
8:00	医生查房、做检查
9:00	发点心、辅助治疗
10:00~10:30	做广播操、读报
10:30	上午服药
11:00~11:30	进午餐、值日生扫除
11:30~14:00	午休
14:00~16:30	会客、辅助治疗、游戏
16:30	下午服药
17:00~18:00	进晚餐、值日生扫除
18:00~20:00	夜间服药、熄灯、休息

资料来源:摘自 A 中心的病房管理制度。

以作息制度为代表的病房制度不仅规范和约束病患的行为,客观上也规定了病区内各主体之间的关系。A 中心已经形成了基于管理方和被管理方具体运作的病房制度,被管理方即精神疾病患者们,管理方则包括医生、心理咨询师、护士、护工,以及近年加入的社会工作者。在没有社会工作者的情境中,各主体分别是医生、心理咨询师、护士、护工、病人。作为医护人员的前三者紧紧围绕着病人群体,为其提供精神医疗服务。不过,精神疾病患者这一主体在病房内实际上是进一步分类的,分别是大组长、小组长和普通病人。这些对病人实行等级划分的做法,在戈夫曼笔下并未见到,这事实上构成了本土机构化生活的重要特征。

三 本土机构中的"地下生活"

研究发现,在精神病院,病房制度并非百分之百被执行,即便在严格执行的领域,也仍然存留了被管制之外的部分。这些部分所形成的生活,构成了精神疾病患者的"地下生活"。为了深入观察并探究他们的"地下生活",笔者对一些病人做了深度的访谈。主要被访者的基本信息如表2所示。

表 2 被访者编号及基本信息

编号	病区	性别	年龄	学历	诊断	身份	日常精神状况	辅助治疗
F	4	男	55	高中	精神分裂症	普通病人	良好	团体、森田
G	4	男	52	初中	酒精所致精神障碍	小组长	良好	团体
W	4	男	71	初中	精神分裂症	普通病人	一般	森田
D	5	女	59	初中	精神分裂症	大组长	良好	团体
K	4	男	65	初中	精神分裂症	大组长	良好	团体、内观、森田
Z	4	男	37	本科	双向情感障碍	普通病人	良好	团体、内观、森田

所谓"地下生活"是指住院精神疾病患者为了规避病房管理制度的约束,利用非正常手段而悄悄从事的、以实现制度允许之外的利益或目的的生活。"地下生活"这一说法来自戈夫曼(Goffman,1961:171)。尽管他也并未对"地下生活"做明确的定义,但在《精神病院》一书中,戈夫曼建构了一组与"地下生活"紧密相关的概念,即"初级调适"(primary adjustments)和"次级调适"(secondary adjustments)。"初级调适"指组织中的员工被正式要求成为其所准备成为的模样,不多不少、恰如其分,且有义务居住在一个事实上适合其生活的世界里;而"次级调适"则指组织中的成员运用了未经授权的手段,达到未经授权的目的,或者两者皆有,从而规避了组织所假定的他应该做的事或者得到的物品,也因此规避了组织(Goffman,1961:189)。因而,"地下生活"实质上就是指被收容者实现"次级调适"过程中的生活。

在戈夫曼眼中,精神病院所形成的特殊空间,为进一步考察这一空间中人的"自我构成"提供了特殊的条件。这也与戈夫曼长期以来关注自我结构(于互动之中形成的社会秩序)的问题意识密切相关。为了便于呈现这一本土空间中的"自我"得以保留的过程,本文参照了戈夫曼在《精神病院》中的分析框架,即从资源、地点、社会结构三个维度来描述本土的机构生存,呈现其"地下生活"。

(一) 资源

精神病院的住院部资源相对匮乏,病人踏入精神病院后,其原先在社会上的资源已被无形剥离。为此,戈夫曼详细描述了这一"剥离的程序",这一程序中具有两种特性,即"中断"和"接纳"。中断是指个人物品被没收，包括衣物、饰品甚至姓名；接纳是指被收容者必须接纳机构化生活中替代"中断"的物品，如标准化的病床号、病号服以及生活用品（Goffman，1961：19）。个体自身资源的尽数剥离意味着，要想提高生活质量，改善状况，就必须绕过病房体制，利用非常手法获取资源，这一手段被称为"权宜之计"，形成了"次级调适"。

1. 代用品与权宜之计

戈夫曼所指的权宜之计（make-do），是指在机构中，参与者为取得物品，变动了被计划好的各种生活限制，使用的是不为院方所乐见的方式，可能改造一个物品，或只是不正当使用（Goffman，1961：208）。在机构中，当被收容人员无法直接取得某物或获得某种利益，而又必须获得时，被收容者就会利用一种代用品来替代该必需品。尤其是对于刚入院的病人来说，短期内适应机构内物质资源极度短缺的生活是一件非常困难的事情。例如，A中心出于安全考虑，规定病房里不准出现任何利器，包括刀具、玻璃制品等。这在一定程度上给病人的生活带来了诸多不便，那些爱好打扮的年轻女病人，就会将病房墙上印有《病房管理制度》的金属铁片当作"镜子"使用，虽与实际镜子相比显得凹凸不平，但这已是不错的代用品了。笔者跟随查看病房期间，常看到金属铁片"镜子"前的病人络绎不绝。

同样的方式也会出现在团体治疗的过程之中。精神疾病患者表现得非常乐于参加团体治疗，但一旦进入分享、思考等环节时，这些病人就会表现得很被动，并不愿真正分享。他们参加团体治疗的目的是远离嘈杂的病区大厅，在盛夏到治疗室享用空调，常能看上一段视频，或坐在舒适的靠背椅上打瞌睡。这些对于长期住院的病人来说，已是很大的福利，在病房中是无法得到的。

2. 搬弄体制

搬弄体制（"working" the system），顾名思义是指住院精神疾病患者通过"活动"或者说"调适"病房的管理制度，来达到体制为其所用的目的（Goffman，1961：210）。在机构中，精神疾病患者要想成功地搬弄体制，首先要清楚了解机构体制和运作机制，否则就会处处碰壁。不过，有经验的住院精神疾病患者常常能够成功地搬弄体制。比如Z就善于此道。他是4病区的一位双向情感障碍患者，但看起来思维敏捷，住院前是一名高中数学教师。某个夏日上午的休息时间，在4病区大厅里，社会工作者和Z围绕当时的"世界杯"进行了一番谈话。Z不无炫耀地谈道：

虽然8点就要熄灯,但我昨晚还是看了德巴大战(边说边向高干病房方向指了指),关键在于谁搞得定就能看。(访谈记录 No. 145)

从谈话中得知,Z 在住院期间,打破了病房管理制度,运用非常规的手段达到非常规的目的。病房制度规定 20:00 之后,所有病人必须回到病房休息,且之后各病区和休息大厅之间的门是紧锁的。如果被收容者遵守规定,绝不可能半夜到高干病房看世界杯。面对疑问,Z 的一句"谁搞得定就能看"的回答透露出必有值班人员给予其"方便"。当笔者对此事表示惊讶和疑问时,某值班护士却不以为然。

按照规定是不能让他们看的,但是我们病区的很多病人脑子并不糊涂,这些人想看就让他们看去吧。(访谈记录 No. 105)

由此例可见,搬弄体制的不仅仅是被收容者,管理人员也有默许和支持。所搬弄的体制甚至涉及对作息规定的任意改动。

3. 可操弄的任务

除了"代用品""搬弄体制",按照戈夫曼的划分,在全控机构中还有第三种方式可获得资源,即"可操弄的任务",而这些任务本身就能让人获得某些次级调适(Goffman,1961:221)。要想获取更多的资源,自然要有获取资源的机会——获得任务,而在任务的背后其实隐藏着可获得的资源。通常,任务是日常交派的工作,担负着职责和责任。结合观察,"可操弄的任务"可区分为"委派的任务"和"主动寻求的任务"①。精神疾病患者在本土机构中正是通过这两类任务来获取资源的。

精神疾病患者需要从"委派的任务"中获得"资源",参加团体治疗以及艺术治疗被视为一种途径。在 A 中心,"治疗"是精神疾病患者必须完成的任务,但精神疾病患者如何从治疗中获取资源?观察发现,在团体治疗中,一次当众发言或者向其他病友表现自己的机会,在他们眼中很有意义,甚至在治疗中,拥有了能写封信给家人或朋友的笔和纸也是不错的资源。这些资源只有在治疗活动中才能获得。资源还可以从"主动寻求的任务"中获取。精神疾病患者之所以想到"自找麻烦",是因为麻烦之下有利可

---

① "主动寻求的任务"并非出自戈夫曼,而是通过观察归纳而来的。

取。午休之后的很长一段时间，大厅内的电视都是开着的，但遥控器被掌握在看护人员的手中。当病友们都要求换台的时候，通常会有一个人主动站出来，担当起向看护人员索要遥控器的任务。只有拿到遥控器之后，才能搜索自己想看的节目，这类"主动寻求的任务"常常隐藏着操控资源的意图。

所以，无论以哪种方式，一些精神疾病患者总是能够避开规则，在资源有限、物资匮乏的机构中勉强实现满足自身的愿望。

（二）地点（场所）

获取资源，进行次级调适，必定发生在某些地点（场所）。戈夫曼把场所划分为自由场所、团体疆域和私人疆域（Goffman，1961：244）。圣·伊丽莎白医院的具体疆域在《精神病院》中并无图示，但书中描述该院收容人数有7000多名。由此可判断该院的建筑面积和病人可活动的场所远大于A中心；院内精神疾病患者常有出院"放风"的机会，而这在A中心是绝对禁止的。

A中心占地面积有2000多平方米，建筑面积有6000多平方米，六层Y形结构的独栋建筑，无地下室。全院核定床位只有100张，但实有开放床位数近500张，其一楼为门诊，二楼至五楼为病区，每个病区均设有医生和护士办公室，其中Y形结构的左侧分支为病患宿舍和护士办公室，右侧分支为高干病房和医生办公室，中间建筑为病人休息大厅。六楼则为院行政办公机构。

1. 自由场所

戈夫曼笔下的自由场所是"被收容者和机构人员心照不宣地通融出来的一个拥有界限的具体空间，在这个空间里，平时的监控和限制的层级显著降低"（Goffman，1961：230）。在他看来，管理人员和被收容者对于开辟自由场所是互相妥协的，也是这两个主体之间表演的后台，但是妥协限制在一定范围之内，"降低"并不等于"监控"彻底消失。

依照全控机构的界定，真正的自由场所在精神病院里是不存在的，即使被收容人员认为在其中的一个自由场所，其自由也必定有一定限度。独栋建筑造成物理空间的封闭性更高，自由场所也必定显得更少。不过，A中心并非全然没有"自由场所"。如前所述，Z把高干病房房门关起来，就可观看一场足球盛宴。这时的高干病房受到医务人员通融，平素的限制和监控几乎完全消失，成为拥有空间和时间界限的一个自由场所。一旦足球比赛结束，或具体管理人员要求该病患离开，对于这名病患而言就意味着自由场所的消失。从这一意义上说，自由场所是相对而言的，受时空限制。同时，这类自由场所必须受到医护人员许可，只要在合适的时间、合适的地点，做被授予其权利或任务范围内的事都将是自由的。因而这些地点呈现医务人员与精神疾病患者之间"演出后台"的功能。

不过，参照戈夫曼的洞察，越是处在令人难以忍受的地方，人就越容易把各种地方当作自由空间（Goffman，1961：238）。即便在严格受病房制度约束的普通病房之内，病人们也愿意争抢靠窗的位置，哪怕把鼻尖伸出带有铁栅栏的窗户，也算呼吸到了自由天地的气息。这类空间的大小和能够获得多少自由在很大程度上基于精神疾病患者的替代或者"想象同理"（vicarious）。因此，精神疾病患者喜欢上床休息。每当午休和晚休，对他们而言所用的病床就是一隅"自由场所"。至少病人躺在床上可变动令自身舒服的姿势，可把物品放在床上的任何地方，能自由支配这一有限空间。在这一意义上，自由场所可有很多，只要遵循病房管理制度，病人甚至可将貌似非自由场所改造为自由场所。

2. 监管区

所谓监管区（surveillance space），即"在这个区域里，病患不需要特殊借口便可以进入，但必须听从上级指示，也会受到该场所的各种限制"（Goffman，1961：229）。作为全控机构，监管覆盖着住院生活全时段、全区域，面向所有被收容者的所有活动，这是其区别于其他机构的最大特征之一。如此严苛的监管通过怎样的监管机制达成？无疑，这要依赖于一整套智能监管的新技术，分别有摄像设备、电子门禁等。无处不在的监管，极大提高了监管效率，使得精神病院具有典型的"全景敞视"特征（福柯，1999：219~230）。

然而"监管区"内往往也有"自由场所"存在，正是监管的存在，才导致被收容者运用各种次级调适活动来经营其"地下生活"。精神疾病患者用餐的过程颇能呈现这一点，制度严格规定，病人从等待到发放饭菜再到用餐、收回餐具这一过程，已经形成了一个固定的流程且整个用餐流程都有监管存在，管理方所在乎的筷子等存在伤人隐患的物品被全程、全区域监控。即便如此，观察发现，病人仍运用各种方式，偷偷带走一些容易携带的食物。那显然是因为，他们能清楚区分哪些是受到严格监管的物品，而哪些则并没有在数量监管的范围之内。

而监管区中包含禁区。所谓的"禁区"是指病人禁止进入的空间,"就连单单出现在这类地方,都是被严厉禁止的行为"(Goffman, 1961: 228)。如果按照划分的穷尽原则的话,那么在精神病院内除去自由场所和监管区,其他所有区域都是病患的禁区,如医护人员的办公室、病区的护理室、行政办公区域等。与圣·伊丽莎白医院相比,A 中心的禁区范围也相对较小。不过禁区的设定依然是相对而言的。

3. 私藏地

戈夫曼向我们展示了人在进入全控机构之后的"剥离程序",这一剥离程序的实施,不仅剥离掉了病人的个人属性,同时也可以将其理解为对病人社会属性予以剥离的过程(Goffman, 1961: 27 – 28)。为了挽回被剥夺的自身身份,病人就会不断采取次级调适,来极力维护仅有的自我,在私人疆域获得确认。私人疆域是病人能够掌控的,在其中感受到舒适,并获得自我保护和满足感的地点。不过,与存在私人疆域有差异,A 中心没有单人病房,因而很难找到典型的空间构成私人疆域,更为贴切的是"私藏地",即藏匿私人物品的地方。同样,在没有私人疆域的 A 中心,私藏地对于极力维护病人的"自我"具有更重要的意义。

在 A 中心的病房内,无论是男、女病区还是老年人病区,都会看见几乎每个人手中都提着一个塑料袋,里面的常见物品为扑克、手纸、香烟(多为男性病人)、书籍、小点心和水果等。这种私藏地是被病房管理者所默认和允许的。对手提袋的态度,还视手提袋中物品需要被藏的程度来看,将其称为"私藏地"并不为过。因为病房管理人员虽然没有明确提倡病人的这种做法,但是亦没有明令禁止,而且手提袋中所装物品对精神疾病患者来说,完全是私人性的(尽管不排除与病友分享的那些物品)。

尽管手提袋并不具有典型的私藏地的特征,但精神疾病患者的身体或者手提袋中一旦装有病房明确告知不准携带的物品,作为保全自我的私藏地的功能就更显著了。至少能看到,精神疾病患者在会客期间将家属带来的香烟或者其他违禁物品,趁病房管理人员不注意的时候,偷偷塞进衣物内私藏起来,这时精神疾病患者的身体就成为一个名副其实的私藏地。

(三)社会结构

通常,人们会按照一定的偏好来相互交往,而每种相互交往的框架都能成为身份认同的根源、理想行为的参照,也会成为彼此相互团结或者发生分歧的基础；同时，每种框架都包含一整套相互依赖的假定，将这一整套假定组合在一起就形成了所谓的模式（Goffman，1961：283）。

在全控机构中，类似的交往方式涉及几组相对稳定的关系，包括被收容者之间，也包括医患之间，或管理人员和被收容者之间，这些社会关系形成了一定的社会结构，呈现某种模式。在戈夫曼看来，医院内有两大正式制度，即"病房体制"和"任务体制"，而在"地下生活"中，则体现出这些正式制度为一系列的私人关系提供了基础（Goffman，1961：252）。在本土机构中，病人们的友情关系、恩庇关系则更能体现出其"地下生活"的内在机制。

1. 友情关系

在考察精神病院中的社会结构时，戈夫曼并未特别强调友情关系（friendship），或是由于这类关系不一定仅出现在"地下生活"中。但笔者在病房探访中发现病友之间的友情关系较为稳定，对于维系病房体制有重要意义，并且友情关系也成为"地下生活"的重要组成部分。

例如，在访客的时候，病友都会将亲属带来的食品分一些给自己关系较好的病友。但医院规定，禁止将一些食品擅自分发给病友，如香烟、含咖啡因的糖果等，一旦被院方发现将被严惩。不过，在院内，病友们私下分发香烟是较为常见的。曾有一次，看到 W 为了躲避院方的监视，先远远地向病友 F（患有糖尿病）使眼色，然后装作自然而然紧挨着坐在一起，将事先拆好包装的糖果不动声色地塞到病友手里。两人在传递过程中不仅彼此重新确认了相互之间的信任，同时在严密监视之中，通过传递一方所喜好的物资，而使两人都艰难保住了些许"自我"——双方为此都做好了可能被惩罚的心理准备，甚至冒着徒然增加的疾病风险。

2. 恩庇关系

所谓恩庇关系，就是指对方对自己有恩，基于这种恩情，自己为对方提供一种庇护。病人之间，尽管都是被监管的对象，也存在如何向他人施恩、向他人施何种恩，又存在如何接受他人提供的庇护、接受何种庇护的问题。不了解这些互动，是很难理解庇护关系的存在的。在社会上不起眼的物质资源在机构中可能就十分珍贵，一旦这种"珍贵资源"被赠予，受赠方就会觉得受了大恩。通常恩的大小程度与提供庇护的程度成正比，分别可通过病人与病人、管理人员与病人的互动呈现出来。通常而言，能够为他人提供一种庇护关系的前提是提供者有权势、有地位。但同为病人，恩庇缘何而来？病人中也有等级高低？

　　事实上，病人之间也有地位差异。相对而言，地位高的通常表现为施恩者，地位高也表现在疾病的程度较轻，显得更接近"正常"，同时又显示出在群体之中有较大的影响力。一次病区探访中，笔者发现 4 病区病人 G 的行为不同于其他病人，于是对 G 的住院生活有了一番观察。在一次访客过程中，笔者发现，G 收到了好几份其他病人的馈赠，有两个冰激凌，有一些香蕉。虽不确定 G 在病房中的地位高于他人，但其穿着表现出对病房制度的挑战。为了进一步观察恩庇关系，笔者又一次在观察病房访客当中，发现 G 为其他病患提供庇护的情境。那次，G 得到了病友 F 的冰激凌，表示感谢之后，很快将冰激凌拆开，并大口地吃起来。他没有吃完，留下了一半，送给了没有得到任何"礼物"的 W。W 则没有嫌弃已经被吃过的冰激凌，欣然接受，不停感谢 G。但这似乎不是单纯的"馈赠"过程。从对话中，G 以此次施舍为条件，对 W 用教训的口吻说话。G 要求 W 不要再轻易向护士告状，以后有人欺负 W 要先告知 G，而且不断在 W 肩膀上拍来拍去，并四周观望，仿佛担心护士突然到来（访谈记录 No.116）。

　　在上述情境中，存在双重恩庇关系。首先，G 向 W 提供了冰激凌，这显示出 G 对 W 的恩，W 答应不再告 G 的状，这是 W 接受了 G 的庇护；其次，W 答应不再告 G 的状，这也是 W 对 G 的报恩，G 答应 W 以后有人欺负他，替他出头，这是 G 对 W 继续庇护的承诺。

　　另一种庇护关系则出现在管理人员和病人之间。管理人员相对于病人而言，等级较高，且可支配资源较多。如表 2 所示，在病区制度之外，形成了一套非正式的管理系统，病人的等级分为大组长、小组长和普通病人。通常而言，管理人员提供庇护的病人都是病区的大组长。在一次对 5 病区大组长访谈过程中，D 谈道：

　　　　我们病区的大组大约有 150 号人吧，我是护士长指定的。平时主要是帮助看管，比如让他们不要站在窗户旁；也管打饭时维持秩序，如果有吵架，要去拉拉架；等等。（访谈记录 No.087）

　　在对 4 病区的大组长 K 进行访谈时，K 谈到了他的职责和特权。

　　　　我曾干了多年的小组长，现在的护士长去年提拔我做了大组长。

这一年多主要是帮忙做事。有监督组员干活，比如值日，我们有7个小组，每组都要值日，负责监督他们劳动；也和护士沟通，让护士开电视；等等。（访谈记录 No.091）

从访谈得知，大组长有别于其他病人，要付出更多的时间和精力参与管理和服务，其职责一是辅助维持病房安全秩序；二是监督组员值日和劳动。大组长和管理人员之间互有恩庇，管理人员也以一些方式向大组长提供庇护，为此K不无炫耀地谈道：

我们的福利比普通病人好些。我一天可以抽10根烟，其他人最多8根。我们还可以加饭，好菜能多分到，这是付出劳动的回报。对了，我还能半夜起来抽根烟，其实是不允许的。（看了看四周）看看旁边这些花，都是我养的，由我负责。（访谈记录 No.121）

两名大组长的访谈资料显示，大组长不同于一般病人，为管理人员工作，同时获得管理人员的庇护，这种庇护是非正式的，包括一定的物质激励和更多的自由，也可免去一些一线的劳动任务。

四 本土机构生活的特征

通过参照戈夫曼对"地下生活"的考察，对比中美精神病院内精神疾病患者们的生活，可以发现诸多共同的特征。这些共同特征来自全控机构对精神疾病患者的生活所造成的几乎类似的影响。然而，社会工作更须关注的是，在监控机制之中，部分被收容者依然有着丰富的"地下生活"，并在缝隙之中将其应当成为的"角色"和试图保持的"自我"极力区分开来。

通过与圣·伊丽莎白医院中的被收容者比较，本文尝试概括精神疾病患者们在本土机构生活的四个基本特征。特征之一，在本土机构生活中，地位高的精神疾病患者更能运用次级调适。在戈夫曼眼中，群体中位置低的人比位置高的人更广泛运用次级调适，而中间阶层则最少运用次级调适。本土病人的身份等级造成了别样的结果，病人间的"等级差序"有利于机构管理效率提高，被院方默许。其结果是身份地位越高的病人越不遵从医院制度，也就越能运用次级调适。在严格的病房管理制度之外，被管理的病人群体内部仍有着更进一步的等级划分，病房管理人员直接参与了划分，且有对大组长和小组长的公开支持，院方默许了这种"等级高低"的合理性，大组长就可以利用院方的默许和提供的"权力"，为自己的住院生活谋取较多的便利，获得更多的"可支配的任务"。相较于其他病患而言，组长们往往有更多的可能性拥有更好的住院环境，而这样的机会和优越性是院方予以支持并认可的。究其原因，从医护人员选取大组长的标准可得：首先，候选人的住院时间要高出病区大多数病人；其次，候选人的精神状况较为稳定；最后，候选人在病区内有一定的威望。管理人员正是通过选取组长，依靠一些病人辅助管理其他病人。

特征之二，比较发现，本土被收容者获得特权的途径是有差异的。在这类机构化生活中，病人之间有着"等级差序"，并依靠维系良好的私人关系来适应机构生活。"差序格局"原指中国社会关系和社会结构的特征（费孝通，1998：24）。这一关系性特征也呈现在通常被理解为"他者"所居的精神病院中。精神病院貌似理性而严苛的管理制度并未能阻断这一本土社会特征。精神疾病患者与病友和管理方发展私人关系，并维系彼此的交往，在其生活世界中形成了类似的"差序格局"。由于种种原因，有些病人的机构生活长达几十年。在漫长的住院生活中，往往和其他病友结成亲密关系，这种关系的维护为彼此长达几十年的机构生活又提供了朋辈支持。

特征之三，在医患日常互动中，本土精神疾病患者的配合度很高，尽管无法完全排除关系中的"伪装"。精神疾病患者和管理人员之间能够建立良好的人际关系，同时调适着病房管理体制。在病区内，几乎所有的精神疾病患者都努力遵从管理人员的安排，想尽早出院的精神疾病患者表现尤为积极，甚至试图与管理人员建立一种良好的私人关系。虽然他们深知即使这种良好关系的建立不能决定其可获得更好的住院待遇，但还是会努力与管理人员和谐相处，配合其工作。精神疾病患者会抓住各种机会和任务，例如，与护士热情打个招呼，或帮护士主动按下垂直电梯的按钮。但是，一旦管理人员离场，他们就会为了获得更好的资源、更舒适的住院环境，对管理制度进行次级调适以满足自我，即使许多是不被住院制度所允许的。

特征之四，本土精神医疗服务主体日益多样化，导致机构中有了复数的权威，由此促成精神疾病患者在不同的权威面前呈现不同程度的次级调适。精神病院相比其他综合医院或者专科医院，其治疗和服务方式也更多样，自2012年以来，A中心的病区引入了社会工作者。社会工作者加入，也给病房管理带来了不小的改变，这也导致精神疾病患者会对各专业权威进行比较，并加以排序，通常医生会排在靠前的位置，护士、社工和护工则会排在相对靠后的位置。一般而言，发生次级调适的频率与所对应的权威呈反比，即精神疾病患者很少会在医生面前进行次级调适，而选择在护工面前毫无遮掩地进行次级调适。在机构中，医生的权威无疑是最高的，并手握评估精神疾病患者是否出院的专业管辖权。精神疾病患者要想早日出院，就会在医生面前尽力留下好印象，表现出严格遵守病房规章制度的模样。类似现象在邻国推动精神康复"替代服务"的精神医疗社会工作的研究中也有所体现（杨锃，2019b）。

五 结论与讨论

现代人在观念层面上建立了人格的神圣性（杨锃，2019a），这一点即便在精神疾病患者身上也不例外。在机构化生活中，人们的日常生活更受制度约束。通常被认为的"异常"生活情境，缘何在戈夫曼眼中呈现一种"有意义的、合理的和正常的"模样？正是通过"全控机构"中被收容者的生活世界，他探寻了自我呈现的独特方式。在机构化生活中，管理方如表现出攻击性态度，精神疾病患者自然也会采取自我防御，表现出对抗性甚至愤怒的情绪。不过，一旦意识到这种反抗的态度将会受到惩罚，他们就会选择抑制起初的自我防御方式，而采取其他的行动策略，以规避遭受严惩的可能性。这里形成了一种将自我所处状态与他者对此的可能反应折返回应对情境之中的"回路效应"（looping effect）。这是一种异于常态的自我反馈机制，同时也构成了戈夫曼考察机构中的"自我结构"及生存方式的分析框架。

更为重要的是，基于上述框架分析，通过考察机构中的"地下生活"，他揭示了精神疾病患者并非在完全接纳自身病人角色这一"表演"之中，而更多的是在采取"次级调适"，实际上是在不断拒绝、始终抗争中，才得以勉强保住象征"自我"的点滴的。也只有在貌似个体身份被强制剥夺的极端状态之下，个体才会根据具体情形，运用不得不采取的处世之术，试图捍卫看似零星却异常"神圣"的自我之像。在全控机构这一情境之中，这一身份的保全才是社会秩序得以呈现的基础。其中足以体现出"有意义的、合理的和正常的"生活，彰显出人们为了勉强保全"自我"所付出的努力和采取的策略。而有时候，这类自我认同与集体认同之间是互构的（杨锃、周茜，2020）。

对比而言，本土精神病院呈现某种独特的社会秩序。它不同于一般化的全控机构，即便剥离机制也无法阻断"差序"结构的内核。尤其在围绕资源、地点和社会结构的考察之中，社会工作者发现本土机构中的精神疾病患者更重视人际关系。这提示社会工作的开展，有必要回到考察临床精神医疗长期忽视的另一维度，即从医疗人类学的视角去理解精神疾病患者的日常生活世界。正如凯博文所提示的那样，精神疾病并非仅仅是疾病，而是伴随着个体的"疾痛"经验（Kleinman，1988；克莱曼，2010）。从改善治疗与康复治疗的角度，或许可以探索一种"社区化精神健康治理"的可能路径（张博源，2021）。如本文所考察的本土机构化生活所揭示的那样，那些所谓的"个人经验"都并非以个体化、碎片化的特征呈现出来，而是在无法剥离的社会情境之中，甚至是在极为严苛的制度缝隙之中通过人际互动呈现出来的。

参考文献

丁瑜、李会，2013，《住院康复精神病人日常生活实践中的充权：一个广州的个案研究》，《社会》第 4 期。

费孝通，1998，《乡土中国 生育制度》，北京：北京大学出版社。

安东尼·吉登斯，2016，《现代性与自我认同：晚期现代中的自我与社会》，夏璐译，北京：中国人民大学出版社。

米歇尔·福柯，1999，《规训与惩罚》，刘北成、杨元婴译，北京：生活·读书·新知三联书店。

阿瑟·克莱曼，2010，《疾痛的故事：苦难、治愈与人的境况》，方筱丽译，上海：上海译文出版社。

兰德尔·柯林斯、迈克尔·马科夫斯基，2014，《发现社会——西方社会学思想述评》，李霞译，北京：商务印书馆。

刘白驹，2014，《中国古代精神病人管理制度的发展》，《社会发展研究》第 1 期。

维尔霍温，2012，《戈夫曼访谈录》，王佳鹏译，载《社会理论论丛》（第 6 辑），北京：中国大百科全书出版社。

杨锃，2014，《"反精神医学"的谱系：精神卫生公共性的历史及其启示》，《社会》第 2 期。

杨锃、陈婷婷，2017，《多重制度逻辑下的社区精神康复机构研究——兼论本土精神卫生公共性建设的可能路径》,《社会科学战线》第 3 期。

杨锃,2019a,《从"人格崇拜"到"自主自我"——社会的心理学化与心灵治理》,《社会学研究》第 1 期。

杨锃,2019b,《替代服务与社区精神康复的转向——以日本"浦和贝塞尔之家"为例》,《浙江工商大学学报》第 1 期。

杨锃、周茜,2020,《听障青少年身份认同:在制度与生活之间——基于听障青少年群体越轨个案的研究》,《社会工作》第 5 期。

张博源,2021,《社区化精神健康治理的人权逻辑与立法应对》,《河北法学》第 6 期。

Belknap, Ivan. 1956. *Human Problems of a State Mental Hospital.* New York: McGraw-Hill.

Caudill, William, A. 1958. *The Psychiatric Hospital as a Small Society.* Harvard University Press.

Dunham, H. W. & Weinberg, S. K. 1960. *The Culture of the State Mental Hospital.* Wayne State University Press.

Goffman, Erving. 1961. *Asylums: Essays on the Social Situation of Mental Patients and Other Inmates.* New York: Anchor.

Goffman, Erving. 1963. *Stigma: Notes on the Management of a Spoiled Identity.* Englewood Cliffs, NJ: Prentice Hall.

Goffman, Erving. 1971. *Relations in Public: Micro-studies of the Public Order.* New York: Basic Books.

Greenblatt, M., Levinson, D. J., & Williams, R. H. 1957. *The Patient and the Mental Hospital: Contributions of Research in the Science of Social Behavior.* New York: The Free Press.

Gubrium, Jaber & Holstein, James. 1997. *The New Language of Qualitative Method.* Oxford University Press on Demand.

Lofland, J. 1980. *Early Goffman: Style, Structure, Substance, Soul. The View from Goffman.* Palgrave Macmillan UK.

Kleinman, A. 1988. *Rethinking Psychiatry: From Cultural Category to Personal Experience.* The Free Press, Collier Macmillan.

Pescosolido, B. A., Martin, J. K., Long, J. S., Olafsdottir, S., Kafadar, K., & Medina, T. R. 2015. "The Theory of Industrial Society and Cultural Schemata: Does the 'Cultural Myth of Stigma' Underlie the WHO Schizophrenia Paradox?" *American Journal of Sociology* 121 (3): 783–825.

Smith, G. 2006. *Erving Goffman.* New York: Routledge.

Staniland, K. & Smith, G. 2013. "Flu Frames." *Sociology of Health and Illness* 35 (2): 309–324.

Stanton, A. H. & Schwartz, S. M. 1954. *The Mental Hospital: A Study of Institutional Partici-*

pation in Psychiatric Illness and Treatment. London: Tavistock Publications.

Strauss, A. L. , Schatzman, Leonard, Bucher, R. , Ehrlich, D. , & Sabshin, M. 1964. *Psychiatric Ideologies and Institutions*. The Free Press.

Stotland, E. & Kobler, A. L. 1965. *Life and Death of a Mental Hospital*. University of Washington Press.

Watson, R. 1999. "Reading Goffman on Interaction. " In G. Smith ed. , *Goffman and Social Organization*. Rootledge.

【社会政策研究】

学生资助制度及扶贫政策对贫困农村大学生学业发展的成效研究

——基于上海市 S 大学的典型案例

范舒云[*]

摘　要　高等教育一直被视为消除贫困的可持续途径。中国贫困农村大学生主要从两个维度的政策渠道获得资助：通过学校资助系统发放的各类学生资助，如国家助学金、国家励志奖学金和国家助学贷款等；通过扶贫政策对贫困学生家庭的资助，如最低生活保障与精准扶贫政策。同时，社会上的爱心人士和贫困农村大学生的亲属与朋友也为他们的入学提供了各类物质与非物质援助。截至 2019 年，已有四千多万人次的贫困学生通过资助成功进入大学。本研究运用质性研究方法，对上海 S 大学的六名贫困农村大学生进行深度访谈，探讨政府、社会和宗族与朋友的资助对贫困农村大学生在学业发展上的起点、过程和结果三重公平的影响。研究发现：第一，针对贫困农村大学生的个人资助更能帮助他们在学业上正向发展；第二，来自政府及学校层面的资助能更有效地帮助贫困农村大学生在学业上正向发展；第三，现今三个层面（政府及学校、宗族及朋友和社会捐助）和两个维度（对学

---

[*]　范舒云，香港科技大学公共政策专业研究生，主要研究方向为扶贫政策、青少年政策和社会福利政策等。

生个人的资助和对学生家庭的资助）的资助制度，基本实现了贫困农村大学生的学业发展的起点公平和过程公平，但是学业发展的结果仍不够公平。因此，政府应在学生资助上承担更多的责任。对于因家庭背景导致的机会与能力的不足，政府和大学需要提供更多非物质的援助，如课外辅导和与大型企业的合作实习计划，让贫困农村大学生在其学业发展上拥有充足的选择自由。

关键词 学生资助制度 贫困农村大学生 学业发展

一 研究背景

（一）贫困农村大学生概况

目前，我国脱贫攻坚战取得了全面胜利，完成了消除绝对贫困的艰巨任务，但是，相对贫困的问题依然存在，在大学生群体中也是如此。大部分学者基于经济能力的高低来判断一个大学生贫困与否（张娟，2014）。在2018年颁布的《教育部等六部门关于做好家庭经济困难学生认定工作的指导意见》中，把贫困大学生定义为本人及其家庭的经济能力难以满足在校期间的学习、生活基本支出的学生，并且，文件给出了认定依据，家庭经济因素、特殊群体因素、地区经济社会发展水平因素、突发状况因素、学生消费因素，以及其他影响家庭经济状况的有关因素。纪春梅（2008）把它更普通地表述成"来自低收入家庭的大学生，并且这些家庭往往负担着一些债务，仅仅能支付部分的学费，时常游离在低保线附近"。基于以上讨论，本研究把贫困农村大学生定义为同时满足以下三个条件的学生：（1）来自农村偏远地区；（2）来自相对贫困和低经济能力的家庭；（3）无法负担大学期间的学习和生活的正常开销。

改革开放以来，经济腾飞的同时我国也完成了高等教育的市场化。然而正是日益拉大的城乡经济差距和教育市场化导致了越来越多的大学生处于经济困境，来自农村偏远地区的学生尤其严重（张娟，2014）。来自教育部的一项研究表明，2003年大约有240万名大学生受到家庭贫困的威胁，而到了2010年，这个数字增长到了527万，占中国大学生总数的23%，而面临经济困难的农村大学生占中国贫困大学生总数的七成以上（陈磊等，2011）。日益增加的贫困农村大学生是引发研究本课题的关键因素，也是本文探讨的核心议题。

(二) 学生资助制度

党和政府历来重视通过发放高等教育补助的途径来实现更好的扶贫效果。根据教育部发布的《2018年中国学生资助发展报告》，截至2018年，来自政府、各大学和不同社会组织或个人的学生资助金额达到了1150.3亿元，受益人次达到了438.789万人。其中，中央或者地方政府直接拨款的资助为530.31亿元，占资助总金额的46.1%。正如杨钋的研究中证实的那样，学生资助政策在覆盖率和资助金额上进行改革的最大受益者是来自农村低收入家庭的学生们。中国学生资助制度历经十年的发展，从简单的"一制"（人民助学金制度）逐渐形成了"六个方面一个原则"的完整架构，包括国家励志奖学金、国家助学金、国家助学贷款、勤工助学、学费减免、特殊困难补助和以"先入学后付款"为原则的学生绿色通道（杨钋，2009：101）。多层次多选择的学生资助制度的实行不仅增加和提升了高等教育的入学机会和可负担性，而且促进了教育起点的平等。自1998年到2018年的20年间，中国高等教育总入学率从不到百分之十（9.8%）上升到了近百分之五十（48.1%）（教育部，2019a）或许可以成为明证。

二 已有研究和本研究思路

(一) 文献综述

国内外已有不少研究探讨本课题的相关主题，主要集中在教育与扶贫关系、学生资助政策的有效性以及扶贫与农村大学生的选择自由等方面。

1. 教育与扶贫关系

通过教育实现阶层的向上流动，被学者和社会普遍视作一种消除贫困的稳定途径（蔡连玉，2019）。在此基础上学者提出更多关于教育和扶贫的观点，例如，扩大教育可以增加个人收入，降低社会不平等和婴儿死亡率，甚至可以促进经济发展（Colclough，2012）。

过去几十年，一些跨国研究计算了教育的收入回报率并发现受过高等教育的贫困群体比只接受过基础教育的相同群体更有可能加入高薪的劳动力市场（Colclough，2012）。同时，基础教育也不能像过去那样实现有效且持续的脱贫。吴睿和王德祥（2010）对农村教育与扶贫效率关系的研究发现，受过小学及以下教育的劳动力人口与绝对贫困发生率呈显著正相关关系；而受过初中及以上教育的劳动力人口与绝对贫困发生率之间存在显著的负相关关系，其中，成功获得大学或以上学历的农村劳动力人口与绝对贫困发生率之间的显著负相关关系最强。可见，提高农村人口的受教育水平，扩大高等教育的覆盖面和引入学生补贴制度等政策措施是中国政府缓解农村贫困特别是农村青年贫困状况的当务之急（吴睿、王德祥，2010）。基于此，本研究将贫困大学生成功进入高等教育视作有更多机会摆脱贫困的标志。

另外，家庭贫困限制了农村青年接受教育的可能性，研究表明，短期甚至长期的家庭经济约束使农村学生难以维持大学期间的求学，进而减少了他们接受本科后教育的机会（李文利，2006）。一项对 15 个省 126 个市 234 个区县的 3174 户农村家庭的调查得到更多发现，农村贫困家庭的大学生比农村非贫困家庭的大学生少学习 1.14 年，这意味着贫困农村大学生更容易发生辍学的情况（刘欢，2017）。虽然当今贫穷和教育之间的相互关系越来越复杂，但从此处文献综述还是可以得出一个结论——（针对家庭的）扶贫政策有助于增加农村大学生接受教育的机会。

2. 学生资助制度的有效性

李文利的问卷调查发现，经济补贴支持可以在短期内通过干预个人经济状况，提高贫困农村学生在高等教育上的入学公平和学习阶段资源的分配公平。然而，对于那些非"985"、非"211"的普通高校的学生来说，相对于较低的家庭收入，高昂的学费的负面影响超过了对贫困学生进行补贴的正面影响。因此，他认为改革高等教育的学费标准尤为重要（李文利，2006）。杨钋研究了学生资助与学业发展（绩点高低、是否辍学、课外学习时间长短、对现行学生补助制度的满意度高低）之间的关系，发现学生资助对当代大学生的大学选择、升学、降低辍学率、成绩提高等方面有显著的正向影响（杨钋，2009）。另有研究分别对两所不同大学的学生资助制度的程序公平以及优缺点进行了评价。结果发现，在国家助学金、助学贷款、勤工助学、学费减免、特殊困难群体额外补助、"先入后付"原则等多维度的现行学生资助制度下，虽然对教育公平有积极影响，但学生资助制度依旧在制度和程序方面有着很大的局限性（曹楠，2018；孙岩，2013），可见仍然很难实现效率与公平之间的完美平衡。许多成绩优异的农村大学生仍然因为自身家庭条件面临求学路上的经济困难。对此，St. Jones 的学生选择理论指出了经济状况和学生大学期间所做的选择之间的联系：金钱上的直接资助可以通过降低大学学习的经济成本和提升大学的毕业价值，来增大学生选择进入大学就读的概率或坚持四年学习的吸引力（St. Jones, Paulsen, & Carter, 2005）。也就是说，贫困大学生在高等教育上的任何决策均是他们在权衡了成本和收益（例如，选择兼职以弥补家庭收入不足还是选择努力学习以获得奖学金）后做出的经济学意义上的"理性"选择的结果。

中国其他的扶贫政策如"最低生活保障"和"精准扶贫"也与本研究有关，并且是本研究的受访者提及和讨论最为频繁的两类政策。研究表明，在扶贫政策的推进下，农村贫困率从1994年的60.5%下降到2018年的1.7%，然而，在维持已经成功脱贫的农村人口的收入增长方面，扶贫政策的效果有限（佟大建、应瑞瑶，2019）。因此，政策制定者仍需要利用其他方式来实现更为稳定的减贫效应，比如在政策上倡导接受和普及高等教育（蔡连玉，2019）。

3. 扶贫与农村大学生的选择自由

Sen（2004）的能力取向理论认为，穷人不仅是指在不同领域取得较低成就的人，而且也意味着他们在生活方式的选择上只能拥有有限的自由（Leßmann, 2011: 439），并且，个体是否有选择不同生活方式的自由取决于他们是否能够获得所需的资源，以及他们是否有能力接触到和获取这些资源（Sen, 1999）。因此，个人所拥有的机会和能力，可以考察人们对自我认定有价值的生活的选择自由程度，并应是在扶贫政策的制定过程中需要考虑到的关键因素。数据显示，农村大学生的比例从20世纪80年代高等教育商业化之前的30%下降到最近的17.7%（王正惠、蒋平，2009），主要原因之一是农村学生家庭缺乏社会网络和物质资源——与城市学生家庭相比，农村学生家庭的机会更少。另外，从90年代到现今，中国大学的年平均学费也上涨了25倍，非本地学生的学费标准往往更高（史诺，2019）。这都使得需要供给年轻一代上大学的低收入农村家庭的经济负担变得日益沉重。因此，贫困农村大学生在做出与学习相关的选择时，往往面临机会和能力的双重缺失。而为了缓解家庭持续或突发的经济压力，许多贫困的农村大学生不得不或主动选择辍学，转而进入低收入的劳动力市场。一项研究表明，农村学生受教育程度与家庭经济状况呈显著的正相关关系，越是贫困的家庭在教育上的投资越少，家长对孩子在学业上有长足发展的期待越低，孩子的辍学率也会越高，而这种现象在年人均收入低于3000元的农村家庭中尤为普遍（巩俐，2017）。

此外，现有的户籍制度使得农村学生比城市学生缺乏更多高质量但相对低收费的公办教育资源和更大程度的选择自由（张翼飞，2008），同时，农村家长会更注重孩子分数高低而不是兴趣爱好的培养，因而，农村大学生的批判性思维能力和自我表达能力相对较差，由此，可能因暂时缺乏批判视角而在注重创意的学科上表现不佳，而学习成绩上的落差感更会打击农村大学生的学习信心和兴趣，继而引发更为负面的学习表现（史诺，2019）。因此，贫困农村大学生在教育发展上的选择自由与所拥有的机会和能力及家庭背景都有密切关系。

综上所述，对贫困农村大学生来说，无论是以家庭为主的扶贫政策还是针对个人的学生补贴，都能够支持他们做出正向的、积极的学业发展选择。然而，如果对弱势群体的保护性措施的支持力度不够，在这些农村大学生的身上会发生什么呢？有的获得了如就读研究生等的正向的学业发展，又是什么因素帮助他们成功的呢？这些问题的答案均有待于进一步研究来揭示。

（二）研究思路

1. 研究框架

穆雷在他的一项研究中使用"风险和弹性"（risk and resilience）的框架来衡量针对残疾高中生的风险因素、保护因素以及他们毕业后的发展之间的相互作用（Murray，2003）。其中，保护因素是有效促进学生发展的因素，涉及社区和社会、家庭、学校和同伴，以及受前三者影响形成的个人特征，它们会直接或间接地影响学生的个人发展和学业成绩。本研究利用穆雷"风险和弹性"框架的部分内容和思想作为研究框架的基础之一，而此处的保护因素和措施是指政策、家族、朋友和社会对贫困农村大学生及其家庭的支持，而其结果被认定为学业发展。

这里，需要对两个重要概念率先予以界定。选择自由的定义取自 Sen 的能力取向理论（Sen，1999，2004），即选择自由既是估计贫穷的关键标准，也是福利政策或其他保护性措施普遍地实现平等的基础。而本研究的贫困定义则主要引自穆雷的一个多维度概念，包括不同领域中缺少的成就和生活方式上有限的选择机会（Murray，2003）。在谈论平等相关的选择自由时，机会和能力是很值得关注的两个方面：前者可以为穷人打开通往成功的大门，而后者可以提高他们的专业能力和平等化他们做出选择的过程（Sen，1999）。

由此，本研究在上述两个理论视角下建立自己的研究框架（见图 1）并提出具体研究问题：贫困农村大学生在高等教育期间是否可以自由获得正向的（或负向的）学术发展？而这又是否与他们在高等教育的"前、中、后"三个阶段拥有的机会和能力密切相关？

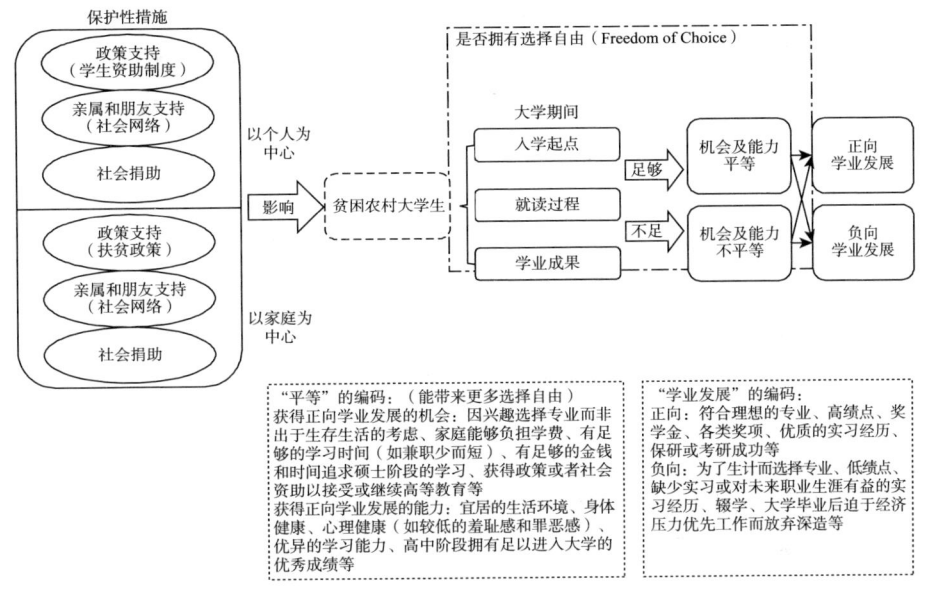

图 1 研究框架

上述框架表达的研究思路是，以上海 S 大学的贫困农村大学生为目标对象，研究周期为学生高考结束进入大学前一直到他们大学毕业。直接或间接影响其学业发展的保护性措施包括三个部分：政策支持（学生资助制度或扶贫政策）、亲属和朋友支持（社会网络）以及社会捐助。同时，本研究将保护性措施分为以个人为中心和以家庭为中心两个层面，以分析各层次措施在目标学生的选择自由和学业发展上做出的贡献。已实施的相关保护性措施均在研究框架的左侧框内，而贫困农村大学生在高等教育上的选择路径（从高中到本科后教育）和他们在现有保护性措施下做出的选择在多大程度上影响个人学术发展则展示在框架图的右侧。继而，本研究以贫困农村大学生在大学期间的起点平等、过程平等和结果平等三个学习阶段的平等为基础，分析和探讨了保护性措施与学业发展的关系。在分析过程中，本研究还详细讨论了学业发展与学生个人选择自由相关或所必备的机会和能力的联系。之后，基于前文所陈列的文献综述和定性研究的分析方法，研究者总结出判断受访学生是否具有平等的选择自由的两个方面的标准：一是他们拥有的学术发展机会［例如，因兴趣选择专业而非出于生存生活的考虑，家庭能够负担学费，有足够的学习时间（如兼职少而短），有足够的金钱和时间追求硕士阶段的学习，获得政策或社会资助以接受或继续高等教育等］；二是他们实现正向学术发展的能力［例如，宜居的生活环境、身体健康、心理健康（较低的羞耻感和罪恶感）、优异的学习能力、高中阶段拥有足以进入大学的优秀成绩等］。同样，在大学期间的个人正向学术发展包括符合理想的专业、高绩点、奖学金、各类奖项、优质的实习经历、保研或考研成功等。

本研究期望找出每个个案的不同结果的深层原因。举例来说，如果以家庭为中心的保护性措施（如最低生活保障）足以在经济上支持贫困农村大学生的学习，但他们实际的学业发展一直在走下坡路，那么常见的扶贫政策为何失效？大学生们所接受的以个人为中心的保护性措施（如国家助学金）对他们教育上的选择自由又有什么影响？如果图 1 左侧框内所有的保护性措施都不足以提供足够的或经济或精神上的支持，但贫困农村大学生最终获得了正向的学业发展，又是什么能在他的选择过程中发挥积极正向的作用呢？或者，如果所有的保护性措施都足以支持他们在大学里获得平等的学习机会，但他们最终取得了负面的学业发展，又是什么原因导致了这种下滑？

2. 具体研究方法和研究对象

本研究采用半结构访谈的方法向 6 名研究对象收集资料与展开研究，这些研究对象同时满足统一的标准——目标对象被固定为同时符合"来自农村"、"在上海 S 大学学习"、"生活在经济弱势群体"和"正在接受国家学生补助"四个条件的中国学生且在类型上基本达到了"理论饱和"（Glaser & Strauss, 1967）的要求。

出于研究伦理，研究者均以代称命名受访者。其中，小丽来自大一，小星和小邓处于大二，小尼和小迪是大三学生，而小斯则是大四学生。他们中有三人来自甘肃，另外三人分别来自河南、贵州和山东。地理分布的集中可能是因为甘肃贫困率高且与上海结成教育帮扶合作关系。此外，小尼、小星、小迪和小斯都来自有双亲且有兄弟姐妹的普通家庭，而小丽由单亲妈妈独自抚养长大，小邓和他的姐姐则因幼时失去双亲而寄住在亲戚家。六名受访者在大一的时候，需要支付5000元的学费和1000元的住宿费。而大二至大四时则需按本学年所选学分总数及不同专业下的每学分价格来支付学费。其中，通信工程专业的小星在大一后的学费最高，为10000元；而其他人每学年的学费为6000元至7000元不等。此外，除了刚刚进入大学的小丽，其他五名受访者均在校外兼职，且主要在大二或大三时出去找有薪酬的工作。

三 贫困农村大学生已有资助状况阐述

本研究从三个维度阐述现行对受访对象的保护性措施：第一，由中央政府、地方政府和所属大学共同出资的学生资助制度；第二，由社会上企业或个人捐赠的社会资助项目；第三，由贫困学生自身核心家庭或亲戚与朋友提供的经济支持。

（一）政府或学校的学生资助项目

调查发现，政府或学校对上海S大学贫困农村大学生的资助分为五个项目（见表1）。

表1 上海S大学学生资助项目一览

资助项目	资助金额
国家励志奖学金	每次申请5000元
国家助学贷款	每学年6000～8000元
国家助学金	"一般贫困"，每年2800元 "比较贫困"，每年3300元 "特别困难"，每年3800元 （比之2019年，各项每年增加了300元）
勤工俭学	每小时12元 （每月40小时以内）
上海S大学学校奖学金： 　学业优秀奖学金 　领导力奖学金 　创新创业奖学金 　公益爱心奖学金 　文艺体育奖学金 　自强不息奖学金	"学业优秀奖学金"分为三个等级： 特等奖金额为每学年4000元； 一等奖金额为每学年2000元； 二等奖金额为每学年1000元。 其他各类"单项奖"金额为500元

资料来源：研究者根据S大学相关学生资助文件整理而得。

国家助学金是最为广泛支援困境大学生也是中国学生资助体系的最重要项目（孙岩，2013）。上海市政府对于申请"国家助学金"政策下的"一般贫困"补贴并不需要提供正式的家庭经济状况证明，它几乎将所有有金钱支持需要的农村学生都纳入政策安全网。国家励志奖学金是学生资助制度的第二个项目，申请者必须是国家助学金的受惠人，每年都需要重新申请，同时要保证在校学习期间所有科目及格。其余的国家助学贷款、勤工俭学以及学校层面上的各种奖学金等，共同构筑了贫困大学生的资助体系。表2显示了六名受访者及其家人获得政府补贴的情况，在六个家庭中，只有小尼一家获得农村最低生活保障，而小迪和小斯的家庭则分别领取了"精准扶贫"下的生态移民和医疗补贴。同时，家庭经济最为困难的小尼和小邓获得了每年3800元的最高等级的国家助学金（小尼来自低保家庭，而小邓失去双亲）。在国家励志奖学金方面，小邓因大一有科目不及格而落选，而刚入学的小丽则还没有机会申请。由于同样原因，小邓和小丽在大学生活中都没有获得过任何学校的奖学金，而其他四名受访者则在各自的专业都有很好的学业表现。因此，我们可以评价其他四名受访者在学术方面的学业发展水平较高。六名受访者中的五名都有申请国家助学贷款，除了小斯因为家庭经济状况逐渐好转而没有申请。最后，所有受访者都从事过勤工俭学项目下的职务，薪酬为每小时12元。

表2 受访者接受学生资助和其家庭接受补贴的概况

受访者	家庭接受的补贴	国家助学金	国家励志奖学金	上海S大学学校奖学金	国家助学贷款	校园内"勤工俭学"岗位
小尼	农村最低生活保障家庭/农村低保户	第三级 每年3800元	有	学业二等奖学金（大三） 领导力奖学金（大二） 公益爱心奖学金（大二） 创新创业奖学金（大二） 文艺体育奖学金（大一）	有 每年8000元	有 "社区学院学生事务中心" 12元/时 高中食堂也做过
小星	无	第二级 每年3300元	有	领导力奖学金（大二） 创新创业奖学金（大二） 公益爱心奖学金（大一） 自强不息奖学金（大一）	有 每年6200元	有 学生事务中心
小邓	无	第三级 每年3800元	无（大一挂科）	无	有 每年6200元	有 学生事务中心
小丽	无	第二级 每年3300元	还没开始申请	还没有参与评选	有 每年8000元	有 宿舍管理

续表

受访者	家庭接受的补贴	国家助学金	国家励志奖学金	上海 S 大学学校奖学金	国家助学贷款	校园内"勤工俭学"岗位
小迪	农村精准扶贫对象——新农村	第二级 每年 3300 元	有（仅一次，大二后挂科一次就不能申请了）	自强不息奖学金（大二）	有 每年 8000 元	有 学生事务中心
小斯	农村精准扶贫对象——医疗	第二级 每年 3300 元	有	学业二等奖学金（大二）领导力奖学金（大二、大三）公益爱心奖学金（大二）自强不息奖学金（大一）	无	有 爱心小屋

资料来源：根据受访者的访谈资料整理而得。

（二）社会对贫困学生资助

调查表明，受访的六名学生所在家庭都没有接受社会的任何扶贫捐赠或资助，部分原因是他们的家庭并非贫困到无法生存，但也表明中国的扶贫事业缺乏第三部门或企业的积极参与（李金锴、杨宗辉、陈珏颖，2019）。更因为院系、个人偏好和学术能力的不同，贫困农村大学生在高校中接受的社会资助项目也因人、因专业而异。一些企业会与上海 S 大学的特定专业合作，并提供附带绩点要求的奖学金资助，如小斯获得的日本 Nitori 国际奖学金、小尼获得的日月光奖学金等，但总体上看这方面的帮助依然十分匮乏。

（三）家族和朋友的支持

调查发现，受访者及其家人对向亲戚朋友借钱或接受捐赠持消极和抵触态度，只有童年失去父母的小邓和上小学前家庭非常贫困的小迪在小学期间接受了旁系亲戚在教育上的物质支持。不过，所有受访者在大学期间都得到了兄弟姐妹等直系亲属在学费和基本生活方面的经济资助。此外，小尼和小丽从家庭得到的精神支持较少——他们的核心家庭在教育和学业发展上的看法与他们自身存在冲突，或者是一无所知，而小邓和小斯的家庭对他们在教育和学业发展上的意见采纳、尊重并给予他们高度的选择自由和自主权。

四 保护性措施对贫困农村大学生学业发展作用分析

基于本文的研究框架和 Sen 的能力取向理论（Sen，2004），本文从入学起点平等、就读过程平等以及学业成果平等三个维度，来分析中国贫困农村大学生的保护性措施（如政策、家庭支持）和他们在大学期间的学业成就之间的关系。

（一）学生资助制度、扶贫政策和家庭支持对实现高等教育起点平等的助益

在访谈的过程中逐渐发现，学生资助制度、以家庭为中心的扶贫政策和家庭支持是帮助贫困农村学生在大学获得更多平等起点、自由与发展的三大保障措施。而保护性措施的主要形式是增加学生正向学业发展的机会和帮助他们建立发展的能力。

1. 学生资助制度改善贫困农村大学生入学的机会平等

对于贫困农村大学生来说，学生资助制度是促进起点平等最有效的保护性措施。学生资助制度通过简化申请程序、扩大受益覆盖面、增加补助金额等改革，让更多农村学生获得进入大学的机会。更多贫困农村大学生在学生资助制度下获得经济上的减负在本研究中一再得到证实。

> 我觉得我们学校资助系统正在改善……现在变成学生在线上申请，如果有特殊情况，再交纸质材料，所以从这个层面理解的话，说明有一部分学生他是不需要交材料的，减轻学生的负担……另外就是更多学生可以申请资助和贷款，因为不需要再去民政局敲章，有些章不是那么容易就能敲到的。（摘自小尼的访谈记录）

显然，学生资助制度及其改革有助于贫困农村大学生更快和更多地接受国家帮助以更好地完成学业。

2. 学生资助制度增强贫困农村大学生保持身体健康的能力

访谈发现，学生资助制度可以通过提高贫困农村学生在大学学习期间的基本生活水平，培养学生进行学业发展的能力。贫困农村大学生可以用国家助学金等国家补助来添置生活必备用品，如衣服和蔬果，以及其他休闲食品，这些可以保证他们有足够健康的身体以在大学期间进行学习和学术研究。

> 我觉得助学金一类的学生资助真的是很有用的，最起码让我吃饭的时候不用考虑可不可以吃顿肉这种……（摘自小斯的访谈记录）

3. 现有扶贫政策促进高等教育的入学平等

扶贫政策有利于农村学生获得上大学的平等权利，而对于特困学生尤其如此。扶贫政策带来可能较为平等且更惠及贫困家庭的受教育的机会，可以为贫困农村学生带来更多的学业发展上的选择自由，而不是因经济压力被迫过早进入劳动力市场工作。诚如访谈中受访者所述：

> 我觉得低保什么的帮助是前提，当一个家庭穷得揭不开锅时，孩子有个时间上学，可能是痴心妄想的事……我来自低保家庭，按我来说的话就是它确实是提供了我一定的机会，让我能不去打工而是在重点高中学习，后来才能考上大学。（摘自小尼的访谈记录）

4. 家庭支持（价值观）决定贫困农村学生进入高等教育的机会和能力

除了经济状况之外，还有一些额外的因素影响着他们的正常学业发展，例如，家庭内部对高等教育价值的观念与看法。从访谈中本研究发现，无论是农村贫困家庭还是其他父母受教育程度较低的家庭，家庭成员在教育与个人成就之间关系上的价值观是孩子是否能够获得平等的学习机会和能力的决定性因素。

> 更多的是家长的一种观念，并不是说太穷而读不起书，家长对于学习的看法很重要。因为我在我们村就遇到过，就家里很穷，但是借钱也要供孩子上学；也有很富的，但孩子不上就不上了。如果家长重视教育，觉得读书可以让孩子有出息，孩子肯定有更多机会上学。如果他们支持他到重点高中的话，他们考好的大学也容易些。这跟钱多和钱少并没有什么直接关系。（摘自小星的访谈记录）

（二）家族、朋友和社会的资助对贫困农村大学生起点平等的影响

研究发现来自家族和朋友以及社会上的资助对实现贫困农村大学生的高等教育入学平等和学习起点平等的影响均非常显著。对于前者来说，贫

困农村大学生的接受意愿普遍消极，而社会捐款的覆盖面和数额远不足以帮助农村学生进行学业上的深造与发展。

1. 贫困农村大学生习惯拒绝来自亲属和朋友的经济援助

大多数中国农村大学生表示自己和家人非常抵触向亲戚朋友借钱来解决求学上的贫困问题。通过访谈可知，其背后原因主要有两点：一是难以从周围同样贫困的宗族和亲属那获得足够经济支持；二是本身家庭文化传承和坚持自力更生的为人准则。正因为贫困农村学生不能或拒绝从亲戚朋友那获得经济援助，高等教育的起点平等便很难通过这条路径得以改善。

> 学费的话，我感觉跟亲戚朋友借的话真的是特别困难，因为大家都一样，所以就也不好借。我更喜欢借助助学贷款。（摘自小星的访谈记录）

> 最不接受朋友亲人的借款……但是如果你借亲戚朋友的钱的话，欠人情而且不一定能借到。我们家基本上很少去外面借钱，有不喜欢借别人钱的家庭传统。一般情况下自己少吃少喝点来解决问题。（摘自小斯的访谈记录）

上述资料清楚地表明了受访者的态度：拒绝向亲朋好友借钱而且也解决不了问题。

2. 社会捐助在起点平等方面的影响有限

通过访谈资料分析发现，贫困农村大学生家庭很少能得到社会的捐赠，这是因为中国来自社会的扶贫资助覆盖率低，如此，施惠学生的社会捐赠对中国贫困农村大学生的入学平等很难起到显著的作用。另外，从文献综述和访谈中可以了解到，贫困农村学生在高中阶段可能获得一定的金钱补助。然而，它们发放次数不稳定且数额较少（一般在每年1000元左右）。因此，资助体系中的社会捐助不足以提供机会或能力来阻止贫困农村学生辍学或放弃进入大学。

> 高中那个钱（指爱心人士捐赠——研究者注）一到手的话就直接能存下来，因为就在家里吃住也没出去花。能拿到肯定还是挺高兴的……但是因为家里再怎么说还是能付得起高中学费什么的，其实爱心人士

给的1000块钱也不太重要和顶事。（摘自小迪的访谈记录）

另外，根据本研究对六名访谈对象的了解发现，高校目前拥有的社会捐赠资源对贫困农村大学生进入高等教育的起点平等所起的作用有限，因为它们的申请程序往往是从第一学年下学期开始的。

（三）资助制度和对个人的社会捐助对贫困农村大学生学业发展过程平等的帮助

通过访谈发现，学生资助制度和社会捐助更有利于促进学业发展中的过程公平且有益于学业的正向发展。与此同时，针对个人的保护性措施比针对家庭的措施更能实现高等教育的机会和能力方面的过程平等。

1. 学生资助制度赋予农村学生更多学习的时间和机会

中国的学生资助制度为农村家庭经济困难的学生们的学业发展提供了基本的过程平等。特别是在奖学金和国家助学金这两种学生资助的帮助下，贫困农村大学生可以在校园内外享受更多的学习时间、更少的兼职工作和更轻的经济负担。这一制度也进一步帮助他们实现期望的学业目标，如获得高绩点、攻读硕士学位，以及从事与他们喜欢职业相关的实习。诚如受访者所说：

> 学生资助带来基本的求学期间的机会平等肯定是有的。比如说我如果想追求考研，以及说我想报一个课外培训班，像Photoshop什么的和未来职业规划有关的课程，想报就可以报，不会有额外的经济负担。（摘自小迪的访谈记录）

> 对学习时间有影响，比如我大二、大三的时候，因为学业比较紧张，专业课比较多，而我又准备考研，所以那个时候我就没有去外面做兼职来赚钱。这时候学生资助对我来说就很重要。还有因为大一学习成绩好，拿到了奖学金。奖学金加上助学金的钱就足够应付生活费了。让我能专心学业，也不会打电话给爸妈额外要钱，可以让我解放出来，投入学习里面去。（摘自小斯的访谈记录）

无疑，访谈内容非常明确地肯定了资助制度对学生的帮助和支持。

2. 学生资助制度帮助增强学业发展过程中必备的心理能力

当前的学生资助制度能够减少贫困农村大学生在面对不断变化的学习环境时的负面情绪，并切实提升他们的心理健康水平，有助于贫困农村大学生建立心理能力，使他们能够更自由地选择与教育和自我提升相关的深度培训。通过访谈发现，政府补贴、奖学金和勤工俭学激励了农村学生自主学习，减轻了他们的负罪感和焦虑感，也让他们在大学学习过程中更加自信。

> 我更愿意接受国家和学校方面的资助，因为拿到这种资助一是有种被激励的感觉，会更加努力学习……（摘自小星的访谈记录）

> 学生资助制度对于我自信心的树立也是有一定帮助的。因为刚上大一的时候我特别焦虑，想的也特别多，在想以后去哪，怎么找工作，花钱各方面也比较抠抠搜搜的。到后来得到一些补助和奖学金，再加上在勤工助学岗位工作什么的，基本上实现了经济独立，就不向家里要钱了，花钱也比较有底气了。所以它对我心理方面的帮助还是挺大的。（摘自小迪的访谈记录）

然而，也有一些受访者（一名是学习成绩不太好，另一名是刚刚进入大学）觉得学生资助的金额不足以支付他们的生活费和学费。其背后的原因是不同专业的学生负担的学费数额截然不同，但国家助学金的金额相对较少，而且他们还面临上海的高水平消费。

3. 对个人的社会捐助鼓励贫困农村大学生建立学业发展需要的学习能力

如上所述，很少有受访的贫困农村大学生家庭接受大量的社会捐赠，这可能是因为所有的受访者及其家庭并没有处于绝对贫困的状况。而接受过社会捐赠的贫困农村大学生在访谈中表达出极大的感激和报答之情。通过这种方式，社会捐助在某种程度上可以鼓励贫困农村大学生建立自己的学业能力，而这正是一种社会捐助得以促进基本的高等教育的过程平等的依据。

> 收到爱心人士的资助就特别感激。因为他们也就是自己挣的辛苦钱，发扬大爱精神来捐赠给你，你就应该好好努力，将这份爱继续传递下去，所以你不应该辜负他们。（摘自小星的访谈记录）

访谈中没有证据表明扶贫政策（如低保政策）或者家族和朋友的支持是否会对提升过程平等、促进学业发展和扩大农村学生的选择自由做出贡献。究其原因，前者是政策的覆盖率偏低，而后者是贫困农村学生拒绝从核心家庭之外的亲戚朋友那里获得帮助。

（四）保护性措施对贫困农村大学生消除学业和人生发展不平等的支持有限

研究发现，特别是在一些富有"高科技"色彩的课程上，贫困农村大学生往往因家庭背景而面临取得好成绩和规划生涯的能力缺失，以及能用来促进学业发展的社会资源匮乏，而现有的保护性措施很难帮助他们克服学业发展上这方面的困难或瓶颈。

1. 保护性措施不能解决原有家庭背景造成的机会缺失

由于贫困农村大学生对于电脑等学习设备缺少接触，出于对课堂表现和课业成绩的担忧，很多农村大学生"被迫"不去选择计算机工程等高科技专业。而学生资助制度、扶贫政策和社会捐助都没有重视贫困农村大学生的机会短缺，只给予金钱上的援助。

> 我不愿意选计算机，虽然它很热门，一个原因是我上学期 C 语言就差点挂科，还因为在我老家这边对电脑好像他们都不太重视，在高中和初中都没怎么上过计算机课。家里的经济条件也没让我接触到计算机……（摘自小丽的访谈记录）

很显然，小丽的话非常明确地传递了一个意思，因为家境原因，一部分贫困学生只能对那些花费较大而技术性又强的学科、专业或技术敬而远之，而相关的资助尚未考虑这个重要因素，最终会导致贫困农村大学生在这方面的能力缺失。

2. 学生资助制度和家庭支持对学生进一步发展的支持缺乏

研究过程揭示了一个深刻的现象，即无论是对个人还是家庭的补贴，都远远不足以支持贫困农村大学生在学业上的经济飞跃，现行的学生资助制度只能给予学生有限的自由来选择人生发展方向。

> 学校给的钱不足以让你产生其他想法。像你说的个人发展，大的人生方向不会因为学生资助改变，它就只能在平时生活中给你一定的

经济上的保障。（摘自小邓的访谈记录）

　　学生贷款的话，其实压力挺大的，尽量自己先努力，实在还不上就让父母帮忙，所以我不打算考研了，就是我需要用工作来挣钱，而且这方面国家扶贫补助只是给你帮扶一下。亲戚朋友的话也不能帮助你读研究生吧，主要还是得靠自己或者家里。（摘自小迪的访谈记录）

　　无疑，现有的资助体系和支持系统明显地缺失一部分重要内容，即对受助人在进一步教育和发展上的有力支持，这是在制度设计层面上需要省思的一个问题。

　　在具体层面上，由于贫困农村大学生出生在弱势家庭，先天便缺乏正向学业发展所需的资源。但是，现行的学生资助制度并没有为了打破资源不平等而为贫困农村大学生特别提供实习、职业辅导、生涯规划等非物质支援。这种缺失无助于贫困农村大学生的人生职业规划能力的培养与提高，最后导致学业与人生发展的不平等。

　　总体而言，保护性措施确实为贫困农村大学生提供了更多像入学平等这样的机会，也帮助他们建立了如维持身心健康的能力，这些都是现有资助制度对贫困农村大学生在大学期间的起点平等和过程平等方面做出的改善。然而，政府、家族、朋友、社会的保护性措施对于改善贫困农村大学生学业发展的结果平等方面均缺乏有效的作用或明确的指引。贫困农村大学生通常依旧面临在特定课程（如计算机工程）上的能力不足和生涯规划（如继续教育或工作）上的机会缺失。

五　进一步深入讨论

　　基于上述研究发现，本文将围绕三点展开深入讨论。第一，为什么与以家庭为中心的保护性措施相比，以个人为中心的保护性措施对贫困农村大学生的学业发展更有作用？更进一步的是，为什么扶贫政策对贫困农村大学生学业发展的影响并不像研究者在文献综述中总结得出的那样大？第二，为什么在高等教育学业发展的起点和过程中，政府的资助与补贴是实现基本平等的核心因素？第三，是什么导致了在大学教育阶段学业发展的起点、过程和结果三种平等中，贫困农村大学生在学业发展结果上得到的平等最少？

（一）个人还是家庭？

研究发现，以个人为中心的保护性措施比以家庭为中心的措施更能帮助贫困农村大学生获得正向学业发展。

个人层面的保护性或者援助性措施，可以是直接给予平等的机会，如扩大学生资助的覆盖面以支持学生拥有足够的学习时间；也可以是帮助建立同等的学术发展能力，如提高农村学生在大学的生活水平和心理健康水平。正如 St. John 等（2005）所述，直接给予学生的经济补贴可以有效防止贫困农村学生辍学，提高他们的学业成绩，并减少他们牺牲学习时间去做兼职的可能性。也正因为有着现行的学生资助制度（其中包括政府学生补贴、学校奖学金和社会捐助），当中国贫困农村大学生面对学习的需求和家庭收入不足的对立时，他们可以更自由地、更个人主义地做出理性选择。

然而，对于主要服务于贫困农村大学生家庭的保护性措施而言，它们对发展学生的学业成绩和成果的作用不大。原因主要有两个：一是来自社会的扶贫捐助覆盖率低（佟大建、应瑞瑶，2019）；二是对于在北京、上海等一线城市的高校就读的贫困农村大学生来说，学生资助政策的覆盖范围远大于城乡二元户籍制下的扶贫政策的覆盖范围。在接受学生资助的贫困农村大学生中，超过一半的学生不能同时受惠于家庭扶贫政策的补贴（孙岩，2013）。换言之，如果贫困农村大学生家庭根本没有得到过扶贫政策的帮助，又何谈扶贫政策对学生学业发展的作用呢？根据这个逻辑还能发现，包括上海 S 大学的 6 名受访者在内的上海贫困农村大学生都只是相对贫困，而不是极端贫困。另外，尽管扶贫政策对贫困农村大学生学业发展的影响不是很大，但除了经济状况以外，如家庭对高等教育的价值观等家庭因素也的确会影响到贫困农村大学生的学业发展。

（二）政府还是社会？

研究发现，政府资助确实提高了高等教育的起点平等和过程平等，而同样需要强调的是，受访贫困农村大学生对如亲戚和朋友等来自核心家庭之外的任何熟人的经济支持表达了强烈的抵触情绪。此外，社会捐助也只能激励一部分贫困农村大学生在大学里积极发展学业；对于另外一些得到过社会资助的学生来说，这些补贴可有可无，并且可以用兼职工作的收入和父母的经济支持替代。因此不可否认的是，学生资助制度和扶贫政策等政府的补贴方式是为中国贫困农村学生提供进入高等教育的相对平等机会和相对平等起点的、重要且几乎唯一的途径。农村学生和家长都更信任政府或像大学这样的权威机构作为他们补贴的提供者。而在高等教育的学习过程中，如果贫困农村大学生成功获得政府资助，而非仅仅被家庭或社会支持，他们会有更低的负罪感、更强的学习动机、更多的教育选择权和随之而来的更正向的学业发展。如此，政府应通过有助于起点平等和过程平等的资助制度，维护并强化它在资助贫困农村大学生获得正向学业发展上的核心作用。

（三）机会平等如何实现？

研究者认为，政府应提供更多非物质援助以提升贫困农村大学生获得学业成就的机会平等。李文利（2006）和史诺（2019）都曾强调，来自农村贫困家庭的大学生在一些高等教育所需的学习能力上比较薄弱，如缺乏批判性思维和自我表达能力。原生家庭背景带来的社会资本的缺乏，限制了贫困农村大学生自主选择学业发展途径的能力，也可能是导致他们绩点下降、奖学金竞争失败、职业规划短视而割裂的主要原因，而目前政府在贫困农村学生与城市富裕学生的家庭背景造成的学习能力差距上缺乏有效的保护性措施。我国现行的学生资助制度仅仅是为有需要的学生提供基本的经济支持，却并不能帮助他们对未来的学习、工作、生活和生涯发展做出理性的选择。此外，贫困农村大学生对读研兴趣小、继续升学率低，这也从侧面证明了尽管我国已经建立了较为完善的学生资助制度，但学业发展上的结果不平等仍然存在。

参考文献

蔡连玉，2019，《贫困本科生的文化资本积累与脱贫流动》，《高教探索》第 2 期。
曹楠，2018，《论大学生资助体系与贫困大学生社会化》，《智库时代》第 47 期。
陈磊、何云凤、夏星星，2011，《高校贫困生积极心理品质发展现状及教育对策研究》，《中国特殊教育》第 10 期。
巩俐，2017，《贫困家庭高等教育投资的选择意愿研究》，硕士学位论文，山西财经大学。
纪春梅，2008，《西部高校贫困生社会心理支持系统研究》，《西藏大学学报》（社会科学版）第 3 期。

教育部，2018，《教育部等六部门关于做好家庭经济困难学生认定工作的指导意见》，中华人民共和国教育部，http://www.moe.gov.cn/srcsite/A05/s7505/201811/t20181106_353764.html。

教育部，2019a，《2018 年全国教育事业发展统计公报》，http://www.moe.gov.cn/jyb_sjzl/sjzl_fztjgb/201907/t20190724392041.html。

教育部，2019b，《2018 年中国学生资助发展报告》，http://www.xszz.cee.edu.cn/index.php/shows/70/3716.html。

李金锴、杨宗辉、陈珏颖，2019，《中国扶贫机制的理论与实践框架》，《农业展望》第 1 期。

李文利，2006，《高等教育财政政策对入学机会和资源分配公平的促进》，《北京大学教育评论》第 2 期。

刘欢，2017，《人力资本投入对农村贫困家庭的减贫效应分析——基于健康、教育、社会保险、外出务工比较视角》，《经济经纬》第 5 期。

邱晨辉，2014，《名校馅饼砸不到农村娃头上》，《中国青年报》，http://zqb.cyol.com/html/2014-04/01/nw.D110000zgqnb_20140401_1-03.htm。

上海 S 大学，2019，《2019 学生手册》，校内发行资料未出版。

史诺，2019，《农村大学生辍学的原因与对策的探讨》，《当代教育实践与教学研究》第 10 期。

孙岩，2013，《上海贫困大学生资助机制研究》，硕士学位论文，上海交通大学。

佟大建、应瑞瑶，2019，《扶贫政策的减贫效应及其可持续性——基于贫困县名单调整的准自然试验》，《改革》第 11 期。

王正惠、蒋平，2009，《高考"弃考"之剖析：教育公平的现实困境与价值诉求》，《教育学术月刊》第 9 期。

吴睿、王德祥，2010，《教育与农村扶贫效率关系的实证研究》，《中国人力资源开发》第 4 期。

杨钋，2009，《大学生资助对学业发展的影响》，《清华大学教育研究》第 5 期。

张娟，2014，《贫困农村大学生社会排斥现象研究——基于对 10 名大学生的访谈分析》，硕士学位论文，中国青年政治学院。

张翼飞，2008，《户籍制度在实现教育公平中的阻滞作用及其改进策略思考》，硕士学位论文，东北师范大学。

Babbie, E. R. 2015. "The practice of Social Research." *Nelson Education*: 187-311.

Bourdieu, P. 2011. "The Forms of Capital (1986)." *Cultural Theory: An Anthology* 1: 81-93.

Bryman, A. 2016. *Social Research Methods*. Oxford University Press.

Colclough, C. 2012. "Education, Poverty and Development-Mapping Their Interconnections."

Comparative Education 48 (2): 135 – 148.

Etikan, I., Musa, S. A., & Alkassim, R. S. 2016. "Comparison of Convenience Sampling and Purposive Sampling." *American Journal of Theoretical and Applied Statistics* 5 (1): 1 – 4.

Glaser, B. G. & Strauss, A. L. 1967. *The Discovery of Grounded Theory: Strategies for Qualitative Research.* New York: Aldine de Gruyter.

Leßmann, O. 2011. "Freedom of Choice and Poverty Alleviation." *Review of Social Economy* 69 (4): 439 – 463.

Maxwell, J. A. 2012. *Qualitative Research Design: An Interactive Approach.* Sage Publications.

Murray, C. 2003. "Risk Factors, Protective Factors, Vulnerability, and Resilience: A Framework for Understanding and Supporting the Adult Transitions of Youth with High – Incidence Disabilities." *Remedial and Special Education* 24 (1): 16 – 26.

Osmond, M. & Grigg, C. 1978, "Correlates of Poverty: The Interaction of Individual and Family Characteristics." *Social Force* 56 (4): 1099 – 1120.

Roberts, J. T. & Hite, A. B. *The Globalization and Deve-lopment Reader: Perspectives on Development and Global Change.* Blackwell Publishing.

Sen, A. 1999. *Development as Freedom.* Oxford University Press.

Sen, A. 2004, "Elements of a Theory of Human Rights." *Philosophy & Public Affairs* 32 (4): 315 – 356.

St. John, E., Paulsen, M., & Carter, D. 2005. "Diversity, College Costs, and Post – Secondary Opportunity: An Examination of the Financial Nexus Between College Choice and Persistence for African Americans and Whites." *The Journal of Higher Education* 76 (5): 545 – 569.

《都市社会工作研究》稿约

为推进都市社会工作研究和实务的发展，加强高校、实务机构和相关政府部门的专业合作，上海大学社会学院社会工作系与出版机构决定合作出版《都市社会工作研究》集刊，特此向全国相关的专业界人士征集稿件。

一 出版宗旨

1. 促进都市社会工作研究的发展。社会工作系希望通过本集刊的交流和探讨，介绍与阐释国外都市社会工作理论、方法和最新研究成果，深入分析国内社会工作各个领域里的问题和现象，探索中国社会工作发展的基本路径，繁荣社会工作领域内的学术氛围，推动社会工作的进一步发展。

2. 加强与国内社会工作教育界的交流。社会工作系希望通过出版集刊，强化与国内社会工作教育界交流网络的建立，共同探讨都市社会工作领域的各类问题，共同推动中国社会工作教育和专业人才培养的深入开展。

3. 推动与相关政府部门的合作。社会工作系希望通过出版集刊之契机，携手相关政府部门共同研究新现象、新问题、新经验，并期冀合作研究成果对完善政策和制定新政策有所裨益。

4. 强化与实务部门的紧密联系。社会工作系希望通过出版集刊，进一步加强与医院、学校、工会、妇联、共青团、社区管理部门、司法部门、老龄与青少年工作部门，以及各类社会组织的密切联系与合作，通过共同探讨和研究，深入推动中国社会工作实务的开展。

5. 积累和传播本土社会工作知识。社会工作系希望通过出版集刊，能够更好地总结中国社会工作理论与实务的经验，提炼本土的社会工作专业服务模式，从而推动社会工作专业的健康发展。

二 来稿要求

1. 稿件范围。本集刊设有医务与精神健康社会工作、老年社会工作、儿童与青少年社会工作、城市社区社会工作、城市家庭和妇女社会工作、学校社会工作、社区矫正、社区康复、社会组织发展、社会政策分析及国外都市社会工作研究前沿等栏目，凡涉及上述领域的专题讨论、学者论坛、理论和实务研究、社会调查、研究报告、案例分析、研究述评、学术动态综述等，均欢迎不吝赐稿。

2. 具体事项规定。来稿均为原创，凡已经公开发表的文章不予受理。篇幅一般以8000~10000字为宜，重要的可达20000字。稿件发表，一律不收取任何费用。来稿以质选稿，择优录用。来稿请发电子邮箱或邮寄纸质的文本。来稿一般不予退稿，请作者自留稿件副本。

3. 本集刊权利。本集刊有修改删节文章的权利，凡投本集刊者被视为认同这一规则。不同意删改者，请务必在文中声明。文章一经发表，著作权属于作者本人，版权即为本集刊所有，欢迎以各种形式转载、译介和引用，但必须遵照《中华人民共和国著作权法》及有关国际法规。

4. 来稿文献引证规范。来稿论述（叙述）符合专业规范，行文遵循国际公认的学术规范。引用他人成说均采用夹注加以注明，即引文后加括号说明作者、出版年份及页码。引文详细出处作为参考文献列于文尾，格式为：作者、出版年份、书名（或文章名）、译者、出版地点、出版单位（或期刊名或报纸名）。参考文献按作者姓氏的第一个拼音字母依 A—Z 顺序分中、英文两部分排列。英文书名（或期刊名或报纸名）用斜体。作者本人的注释均采用当页脚注，用①②③④⑤……标明。稿件正文标题下分别是作者、摘要、关键词。作者应将标题、作者名和关键词译成英文，同时提供 150 词左右的英文摘要。文稿正文层次最多为 5 级，其序号可采用一、（一）、1、（1）、1），不宜用①。来稿需在文末标注作者的工作单位全称、详细通信地址、联系电话、邮政编码，并对作者简要介绍，包括姓名、职称、学位、研究方向等。

图书在版编目(CIP)数据

都市社会工作研究. 第10辑/范明林,杨锃主编. -- 北京:社会科学文献出版社,2022.3
ISBN 978-7-5201-9816-5

Ⅰ.①都… Ⅱ.①范…②杨… Ⅲ.①城市-社会工作-研究-中国 Ⅳ.①D632

中国版本图书馆CIP数据核字(2022)第035312号

都市社会工作研究 第10辑

主　　编/范明林　杨　锃

出 版 人/王利民
责任编辑/杨桂凤
文稿编辑/张真真
责任印制/王京美

出　　版/社会科学文献出版社·群学出版分社(010)59366453
　　　　　地址:北京市北三环中路甲29号院华龙大厦　邮编:100029
　　　　　网址:www.ssap.com.cn

发　　行/社会科学文献出版社(010)59367028
印　　装/唐山玺诚印务有限公司

规　　格/开　本:787mm×1092mm　1/16
　　　　　印　张:10.75　字　数:182千字

版　　次/2022年3月第1版　2022年3月第1次印刷
书　　号/ISBN 978-7-5201-9816-5
定　　价/89.00元

读者服务电话:4008918866

版权所有 翻印必究